电子科技大学『平安留学』行前培训选用教材

QIANXING DE JIAOXUELU
MEIGUO WEILIAN MALI XUEYUAN JIAOXUE PEIXUN JIDI FANGXUE ZHILÜ

前行的教学路

——美国威廉玛丽学院教学培训基地访学之旅

罗小蓉　刘幸马可　王　希◎主编

电子科技大学出版社
University of Electronic Science and Technology of China Press
·成都·

图书在版编目(CIP)数据

前行的教学路：美国威廉玛丽学院教学培训基地访学之旅 / 罗小蓉，刘幸马可，王希主编. -- 成都：电子科技大学出版社，2021.5
ISBN 978-7-5647-8928-2

Ⅰ. ①前… Ⅱ. ①罗… ②刘… ③王… Ⅲ. ①高等学校—师资培养—研究 Ⅳ. ①G645.1

中国版本图书馆CIP数据核字（2021）第105986号

前行的教学路——美国威廉玛丽学院教学培训基地访学之旅

罗小蓉　刘幸马可　王　希　主编

策划编辑　郭蜀燕
责任编辑　辜守义

出版发行　电子科技大学出版社
　　　　　成都市一环路东一段159号电子信息产业大厦九楼　邮编　610051
主　　页　www.uestcp.com.cn
服务电话　028-83203399
邮购电话　028-83201495

印　　刷　四川煤田地质制图印刷厂
成品尺寸　170mm×240mm
印　　张　8
字　　数　200千字
版　　次　2021年5月第一版
印　　次　2021年5月第一次印刷
书　　号　ISBN 978-7-5647-8928-2
定　　价　46.00元

前　言

电子科技大学骨干教学队伍海外培训计划由人力资源部教师发展中心牵头实施，通过在全球排名前100的大学建立教学培训基地，选派教学骨干老师赴基地学习国际先进教学理念与方法，引进国际先进课程，切实提升骨干教学队伍教学水平。

我校与美国威廉玛丽学院正式签订合作协议共建海外教学培训基地，至今已派出四批青年教学骨干教师赴基地进行系统教学培训，学习国外教育学相关理论知识，同时通过对专业课程的全过程观摩以及与外方导师的面对面沟通交流，深刻领悟“教”与“学”的深层次内涵。该培训项目受到了参培教师们的一致好评，有助于进一步改进教学方法，提高教学质量，同时能够更好地推动各自专业课程的教学研究和教学改革。

2018年秋季学期参培教师合影

2019年春季学期参培教师合影

2019年秋季学期参培教师合影

2020年春季学期参培教师合影

相关链接：

美国威廉玛丽学院（College of William & Mary，简称WM）创立于1693年，是全美历史第二悠久的高等院校，是一所有着“美国母校”美誉的一流高等学府，以精英教育著称，自美国建国以来一直享有非常高的名望。该校的硬件和软件环境都属一流，是美国公立常春藤名校之一。威廉玛丽学院的本科教育于2014年在《美国新闻与世界报道》（U.S News & World Report）大学排名中位列全美第二位；2017年、2018年，威廉玛丽学院在U.S News美国大学排名中均位列32名。

目录

目　录

小堡知秋

公共管理学院副教授　史溢帆

2018年夏末，我很有幸被选派为我校首批赴威廉玛丽学院学习交流的教师之一，在美丽宁静的美国东部小城威廉斯堡度过了愉快、充实的一个秋季学期的美好时光。转眼一年过去，回忆起在威廉玛丽的日子，仍然历历在目，记忆犹新。

宁静美好的威廉斯堡

作为该项目第一批体验者，我们和威廉玛丽的老师们一样，用一首颇具年代感的歌来形容，一切都是“给我新鲜”。从刚开学交流课上的一次文化差异所产生的可爱小误会开始，在一个学期的学习中，我们彼此在交流中不断修正着基于制度文化、刻板印象等所产生的认识盲点和误区，不断深入地探讨着现代教育的国别差异和全球化趋势，也不断在寻找着解决实践中教学问题的新答案。

除了每周和团队其他老师一起与Jim和Katherine两位教育学的博士探讨现代教育，跟着Wendy老师精进语言，我还选了Transnational Asian American Literature这门课程，以及在法学院老师的允许下，旁听了Prosecutorial Ethics

以及LLM的律师实务课程。可以说，参与了多门课程学习的经历让我对美国大学教育从文本上的理解，转变为实践中的感悟，从宏观到微观、从整体到局部都有了较为深刻的体察。

与威廉玛丽学院的几位老师在一起

首先，谈谈对于课堂教学两个尤其深刻的印象：大量阅读为背景加讨论为主导的课堂；大纲（syllabus）的合理使用。在我选择的Transnational Asian American Literature这门课程中，Benedito老师从第一节课开始就定了讨论型课堂的基调，从询问学生们对课程名称的理解以及课程内容的安排开始，不断地引导学生围绕着指定话题讨论，并在讨论开始跑偏之前巧妙地拉回到设定主题。作为一门文学类课程，阅读和写作是必需的。在短短一个学期，Benedito老师布置了六本读物和若干期刊文章指定同学们进行课下阅读，配合他的教学大纲以及每周课前的邮件提醒。同学们明确地在每周的两次课前完成相关读物指定章节的阅读任务，并接受课上老师的随机讨论邀约。诚然，这样是有压力的，但这样是极为有效的。以我个人的感受而言，作为非母语阅读者，短期之内的大量阅读虽然有点痛苦，但无形中养成阅读习惯的同时，也在词汇量、阅读速度、口语表达方面有了较大的提高。另外，Benedito老师还将全班25个学生分为5组，每组引导几个特定章节的阅读，进行课堂汇报，并提出问题供全班同学讨论。有时候，讨论会显得有些平铺直叙、没有波澜，但多数时候，同学们会有不同视角的有趣解读，包括对书中人物的分析、背后所隐射的社会因素、人性特点，都有令人耳目一新的诠释。可以说，对于文学类课程，讨论本身所迸发出的力量，远远大于个体阅读本身所能产生的能量。必须要说的是，老师和学生对于教学大纲的依赖程度，远远大于我之前的想象，教学大纲犹如教学纪律一般，被高度重视并严格执行，学生可以根据大纲详细掌握教师的教学进度以及教学任务，以确保自己随时了解当下的任务，并能够提前预习。一旦有任何教学大纲的临时变动，任课老师都会通过邮件的方式提前告知所有学生。此外，值得学习的是，这门课的形式灵活多样，从课程内容的设置上来看，完全体现了教师的个人风格与教学理念，也充分实现了教师个人对教育的理解和追求。在课程中，老师安排了两次主题相关电影的播放，请了两位小说作者与同学们进行视频聊天并释疑，安排了一场文学讲座，请同学们对读本中的特定章节进行角色扮演，还聘请图书馆的老师教同学们进行文献搜索和多媒体的使用，安排了每本书的读后感小练笔，布置了形式多样的最终考核作业。为了最终的小组汇报，我与四位美国本科生组成团队，在图书馆进行了多次内容讨论、写作任务分工并最终完成了写作任务。几度深夜漫步在安静的校园小径，内心泛起久违的“学生感”。诚然，感受到美国大学生活力与压力的同时，也感受了一把他们的考前突击。不禁要说，这与我们自己的学生年代、

丰富有趣的上课形式

与我们自己的学生，其实是一样一样的。

其次是一个较为笼统的感受：尊重学科差异，不盲目追求特定化的教学模式。例如，在本次学习之前，在任何场合只要谈及美国大学教育，几乎必谈小班教学、讨论式学习方式。此次在威廉玛丽学院学习的切实感受是，小班教学、研讨式教学确实是主流，然而对于不少学科的基础课而言，传统教学方式的运用依然必不可少。例如，通过统一的大班授课、不断循环的教学测试、不断强化知识点和刺激记忆点，以此加强学生对基础学科的知识掌握，这在威廉玛丽学院同样存在。可见，尊重不同课程的特点，理解和培养学生不同的学习习惯，尊重并允许不同教学方式的存在，在这个倡导多元化的教学环境中是非常值得鼓励的。尊重创新，也允许差异，提倡向前看，也不否认过去的根基和传承，这或许是多元化真正的含义。

与小组同学讨论共同完成课堂作业

教育的本质和内核到底是什么？新的时代背景下，我们

考试期间在图书馆“值班”的解压宠物

要怎样更好地培养学生？人工智能时代的到来，教师的作用应该如何更好地得到发挥？此次访学交流过程中，中外教师们每每谈及这些话题，总会引经据典地探讨许久。诚然，作为教师，我们始终应该不断学习、精进业务、关注授课效果、关心学生成长。但是，作为新时代的老师，我们首先应该放下焦虑，放下师者无所不知的傲慢，放下追求所谓创新、取悦学生的心态，尝试着用手艺人的精细去雕琢一门课程，更好地让课程体现出充分的个人特色和丰富的知识内核。如此，无需关照其他，课堂中所实现的传承和共同打造的特定回忆，这就是美好的教育本身。

与诸位共勉。

我们可爱的小团队

以万变应“不变”

外国语学院副教授　吕　汀

2018年秋，受惠于威廉玛丽学院与电子科技大学的交流合作项目，我非常荣幸地来到威廉玛丽学院进行研修。威廉玛丽学院建校历史仅次于哈佛大学，这所既古老又美丽的红砖学校常被我们亲切地称为“威玛”。作为电子科技大学派出的第一批赴威玛学习的老师，我们一行共九人，来自不同学院、教授不同课程，很快就变身为威玛的本科生，背着书包走进一栋栋历史悠久的教学楼，开始认真地学习起来。我们不仅要全程参与一门本科课程的学习，还要进行教学理论的研讨和公共演讲的训练。

时空的转换和身份的错位既令人兴奋，又促人思考。全美排名前30的威廉玛丽学院究竟是如何保证高质量的本科教学的呢？作为一名普通的老师，又该如何作为呢？

还记得我们父辈那个时代，只有凤毛麟角的人可以读到高中，更不要说大学了，而几十年后的今天，高等教育已经进入大众教育阶段。在斗转星移的过程中，大学的本质是否也在发生变化？在不同的历史时期和文化环境中，大学的社会职能略有不同，但在大学诞生起的几百年里，大学的本质并没有改变。北京师范大学教育管理学院院长顾明远曾说：大学的本质是求真育人。求真就是研究学术，追求真理；育人就是培养具有真才实学的人。在今天的高校，当教学改革已经成为老师的日常时，我们应时刻不忘大学教育的本质，踏踏实实地做好老师的本职工作，以万变应“不变”。

“求真”既需要理论，更需要实践。

我在威玛选修的是文化人类学课程：考古与电影。该课程授课教授在考古方面实践经验丰富，常年在太平洋的原住民岛上做田野研究，甚至还被某家原住民家庭认作了干女儿。教授在授课的过程中，时常穿插些个人的故事和经历，使得本来距离学生非常遥远的考古学变得真实和接地气，让考古学涉及的方法与理论也在故事中变得生动形象起来。另外，这门课是针对大一学生的通识选修课，教授也会邀请感兴趣、表现优异的大一本科学生进入实验室做一些考古物品的分类整理工作。在这样的课堂里，我能深切地感受到教授并没有把自己看成专业知识的权威拥有者，而是努力成为学生与专业知识的桥梁，这不正是中国古话“授人以鱼不如授人以渔”的现实写照嘛！在课程接近尾声的时候，班上几位学生表现出了对考古学浓厚的兴趣，向教授请教如何走上成为考古学专家的成长道路。因为威玛的学生在大二下期才决定自己的专业方向，这种体制的灵活度也使得学生可以以兴趣为驱动进行专业选择，从而更理性地规划自己的职业道路。

“育人”既需要关爱，更需要原则。

每周我除了要旁听课程，还会与教授进行一个小时左右面对面的交流。这是难得的中美教师近距离交流的机会，交流既涉及课程的教学设计，也会谈到中美高等教育的异同。有一次，我问教授为什么她有时候会表现得比较强势，要求没发言的学生必须发言，这似乎与美国老师的普遍做法不太相符。我甚至开玩笑地对她说：“您有时候表现得有点儿像中国老师。”教授说，在美国当老师的确时常面对这样一个问题：究竟需不需要更 push

（“逼”）学生去做到更好。但教授认为，既然身为人师，那么必须尽到引导的责任，虽然美国的文化非常强调个人的自主性，有时候也需要帮助学生跳出自己的舒适圈，实现自我的不断突破。她说特别是大一的新生，面对大学全新的学习环境和学习模式，有时候需要老师推一把，心里才会更明白自己需要努力的方面和前进的方向。对于问题比较严重的学生，她也会邀请单独来办公室进行沟通，与学生一起发现问题、解决问题。我看到了“以人为本”和“形成性评价”在美国教授这里的具体解读，既有关爱与尊重，也有原则和规矩。

研修转瞬即逝，充实而忙碌。回到成电之后，我时常想起在威廉玛丽学院那段既安静又美好的时光。此时，突然想起朋友之前分享给我的一句话，“空荡的地方，才能听见灵魂的声音”，愿我们都能在忙碌繁杂的生活中时常留白，与心灵对话，让知识升级，踏实教书、真诚育人。

通过交流提升专业课程的教学水平

经济与管理学院副教授　杨　政

2018年秋季，我与学校的几位同事一起来到威廉玛丽学院（College of William and Mary，简称W&M）进行访学交流。威廉玛丽学院位于弗吉尼亚州的威廉斯堡，是美国历史第二悠久的大学（创立于1693年，美国第一所大学是Harvard）。W&M以本科教育闻名于世，曾有四位美国总统毕业于W&M，包括大名鼎鼎的Thomas Jefferson，George Washington。我们怀着激动的心情来到学校，美丽的校园给我留下了深刻的第一印象。W&M的校园属于开放式的校园设计。校区没有一个明显的界定范围，整个学院分布在校区内的各个街道两旁。学校的建筑大多是18世纪英国殖民地式的建筑，红黄砖墙，和秋天的颜色十分协调。学校本身就是美国的一个重要人文旅游景点。当秋天来临，枫叶尽染，这也是校园最美丽的时候。

我们到达W&M学院以后，由教育学院给我们制定课表和负责平时的访学活动管理和沟通。在W&M访学期间，我们一共要上三门课程，包括教学方法研讨、表达沟通和一门专业课程。专业课程是根据各位老师在国内授课的专业方向对接到威廉玛丽学院的专业课，在W&M的相关专业课老师的指导下进行研讨和学习。比如，我的专业课程是计量经济学，因此我学习和交流的对象是经济系的Carlisle Moody教授。下面是我在交流过程中的一些体会。

首先，教学过程中教师是起主导地位。Moody教授是一位从教30年老教授，教学经验丰富。计量经济学课程分成初、中、高级，分别对应本科、硕士和博士几个层面。与我们在电子科技大学经济与管理学院的教学做对比，

Moody教授给本科生讲授的初级计量知识更深入一些。具体来说，Moody教授侧重于经济问题的分析和数学的推导，例如最小二乘估计的推导、异方差和自相关的数学表示。我们在教学过程中更注重问题分析和软件实现。我认为，学生学会软件操作以后能够处理数据、解决问题，会有成就感和获得感。Moody教授的观点是，数学的推导在计量经济学学习中有基石作用，如果不讲清楚，学生就不懂为什么是这样，则他们需要花费很多时间去自学掌握。计量经济学每周3次课，每次50分钟。16周除去各种假日、飓风、暴雪等天气影响停课，大概剩40个课时。由于课时有限，必须把最核心、最基本、最困难的内容给学生讲清楚。软件操作稍微提一下，学生自学能够做题就可以了。我最深的体会是在有限的时间内把最重要和核心的知识传授给学生。在学习相对容易的知识点如数据处理上，可以让学生自学找到成就感。

其次，教学中学生是主体。以前经常在新闻上看到这样的消息，中国留学生在国外的课堂上沉默，而外国学生更积极发言和主动参与讨论。在计量经济学课程上，外国和中国的学生一样沉默。和其他同事听课情况进行对比，发现理工类课程严谨，学生在上课过程中更多是接受知识的持续输入，很多知识就是懂和不懂的区别。个别学生在没听懂的时候，都会举手询问，不分中国留学生和外国学生。一位同事开玩笑地说，她合作的教授在经济学课堂上，从上课就开始板书，学生在下面不停地记笔记，师生互动也很少，气氛并不是想象中的那种热烈的情况。在文科类的课程中，更强调思维的碰撞和发散，需要课堂讨论和交流。比如，法学类的课程和文史类的课程，几位老师就体会到课堂互动更频繁、气氛更热烈。我也向Moody教授分享了我们的课程设计，其中包括布置开放性题目。在课程结束时，让同学们利用学到的知识解决问题并进行汇报讨论，老师最后进行点评。Moody教授觉得，这是一个很好的互动设计，以后可以进行尝试。

Moody教授的课堂管理属于“无为而治”，这是让我印象深刻的另一件事。计量经济学是两个小班教学，分别有18人和15人。一个班上课时间是9 ~ 10点，另一个班上课时间是10 ~ 11点。学生通常固定在一个时间上课，如果临时有事，也可以在另一班上课。Moody教授在课堂上从不点名，如果学生缺课就会显得人很少。有一次在假日来临之前，教室只来了8名学生。事后我问Moody教授，对学生缺课学不到知识怎么办？Moody教授告诉我，不用担心。学生肯定是有更重要的事情要做，因为每一次课折算成学费，价值都是不低的。从经济学上来讲，学生会计算成本，并且会把缺课的知识自学补上来。威廉玛丽学院的学生都是很厉害的，能够进入这个学校的学生，他们的学习能力都很强。如果没有搞定，利用office hours去请教教授，也会解决问题的。这使我想到电子科技大学的学生，高考入学成绩在各个省市都是排名靠前的，可见学习能力很强。如何给出更灵活的课堂管理办法，让学生内心渴望学习，发挥出主动学习的积极性，是一个值得思考的问题。

最后，纵观一学期的课程学习，同学们从开始学习时的困惑，到最后系统掌握一门知识的清晰明了。从基本概念的接触，到最后分析和解决问题。在Moody教授的带领下，同学们克服了一个个学习上的困难，掌握了一个又一个的知识点，挺有收获感的，并为以后的学习打下了坚实的基础。

2018年万圣节师生合影

Moody教授将她多年教学经验与我们分享，给我很大的启发和收获。根据这些经验，结合我在经济管理学院的教学理念和教学实践，我将进一步提高“管电复合实验班”和“互联网+金融实验班”的专业课程一（金融）计量经济学的教学水平。回国之后，我和Moody教授邮件联系多次，并盛情邀请她来电子科技大学交流。期待在将来的某一天，与Moody教授在美丽的成电校园相见！

没有标准答案的教学

公共管理学院特聘副教授　黄小洵

经过一段较长时间的行政审查，我终于拿到了美国签证。在2018年8月底飞赴以本科教学质量闻名的美国高校——威廉玛丽学院。还来不及倒时差，我们马上投入威廉玛丽学院的学习之中。根据电子科技大学和威廉玛丽学院合作项目的要求，所有老师都必须选择一门本科课程全程跟听，于是我选择了社会学系Quark副教授给大三和大四高年级同学开设的通识课程“全球化与国际发展”。同时，国际教育学院还将此行的九位老师组成一个班，每周专门上3次课，包括英语高阶培训和教学方式研讨课程。

威玛活泼的课堂教学模式

与我预想不一样，“全球化与国际发展”这门课并没有统一的教材。导师根据讲课的内容和主题，选择并扫描了不同的阅读资料，且要求同学们在每一次上课前，必须完成多达十多页的指定资料的阅读。这些指定资料要么为某本书的一个章节，要么是某些专业期刊中的一篇文章。不过老师可能并不会在课堂上直接讲授这些文章，更多的时候它们仅被当作课堂的辅助资料，供扩展课堂内容、开阔学生视野之用。由于指定阅读资料大多比较专业，生僻词汇颇多，阅读并理解它通常需要花费一番功夫。如果一个学生一学期要选修多门通识课程，其阅读量可想而知。我似乎有些理解偏文科的威廉玛丽学院学生为什么学习压力这么大了。

根据教学大纲的要求，我所旁听的这门课程最终成绩是由平时成绩和期末成绩两部分组成，期末考试要求学生完成一篇论文，抄袭是绝对禁止的。事实上，威廉玛丽学院学生从大一开始就有专门的老师讲授社会科学的研究方法，培养学生的学术研究能力。全球化与国际发展课程主要面对大三的学生开设，即使学生已经具备一定学术写作能力，课程导师在课堂初始仍会提供社会学研究方法的相关论文，以帮助学生进一步了解规范的学术论文研究和写作方式。与预想的小班教学不同，这门课选修的同学有40多个，人数较多。课堂教学以老师讲授为主，期间老师会不断抛出问题，引导同学回答；同时，一学期还安排了两次分组讨论课，每组讨论的主题不一样，并就讨论结果每个人都要完成一篇小论文。让我比较意外的是，这门课的同学课堂回答并不是很踊跃，积极回答问题的永远就那几个同学，大多数同学仍习惯沉默，这同我在电子科大授课的情形颇为相似。虽然威廉玛丽的老师一般希望同学们用纸笔做笔记，但多数同学仍习惯用电脑做记录。我的邻座是一名聪明的印度女孩，每次看见她在快速记录课堂要点的同时还与其他人网上聊天和上网冲浪，间或还回答老师的问题，对她这种快速的无缝对接我深表佩服。课程进行到一半时，上课的同学慢慢减少，老师也从不点名。我曾问过导师遇到这种情况怎么办，缺课的同学成绩会不会受影响。导师笑了笑说，几次缺课与否不会影响成绩，但如果完成作业和讨论课的质量不高将直接影响课程成绩。没有指定教材，没有标准答案，作业都是开放式命题，学生没有储备足够的理论知识和独立的思维方式，则很难完成较高质量的小论文，课程成绩自然也难以获得高分。

当我查阅了威廉玛丽学院多门课程的教学大纲后，发现威廉玛丽学院的老师是没有统一的教学大纲格式要求的。老师们完全是根据自己课程的讲授内容来撰写教学大纲。尽管各位老师的教学大纲的风格和格式各异，但所有教学大纲都无一例外地明确列出了每节课的讲授内容、指定阅读资料和教学要求。在教学大纲中，老师会明确提出学生递交的作业和论文不能抄袭；否则，成绩为零。除教学大纲以外，威廉玛丽学院对教案和讲义均不做要求。

威廉玛丽学院新生开学典礼

与电子科技大学新装修的C教小班教学教室相比，威廉玛丽学院的教室硬件设备一般。老师的PPT制作风格也各异。按照我们学校的PPT要求，我认为我导师的PPT只能得60分，因为满屏全是字。不过威廉玛丽学院让我印象最深的是，这是一个没有上下课铃声、没有统一上课时间的学校。老师自己安排上课时间段，中午12点开始上课也是非常正常的。

不知不觉间，4个月访学时间很快就到了。威廉玛丽学院老师认真、严谨的工作态度给我留下了深刻的印象。与威廉玛丽学院老师以及电子科技大学老师们相互的教学切磋和探讨，使得我对教学方法、教学模式有了更进一步理解。带着这些收获，我将以更高的热情投入自己的教学工作之中。

基础课程的思维构建式教学

经济与管理学院教授　马　捷

经济学是一门关于稀缺资源有效配置决策的科学，它用自己的语言和思维方式，教会我们认识和思考经济世界是如何运行的。现代大学生的生活大都是从学校到学校，没有参加社会经济活动的经历，仅仅了解一些其家庭参与的经济活动，而每个家庭的经济活动仅属于经济循环系统中某个片段，他们对“经济社会是如何运行的”是没有体验的。因此，如何提升经济学的教学效果是每个从事微观经济学教学和研究的教师需要考虑的问题。我从2006年进入电子科技大学以来，一直从事经济学课程的教学工作，在教学中积累了一定经验，但是也遇到了诸多困惑。此次在威廉玛丽学院的访问学习中，我带着这些问题对其经济学课堂进行了深度体验和观察。

从2018年8月到12月，我旁听了微观经济学课程并参与了教学过程全部环节，定期与该门课的Mentor就课程设计、课程内容以及课程反馈等进行了深入的讨论。概括起来，整个课程有三个重要的课堂要素：学生的好奇心带来的问题导向型教学方式，扎实的记笔记基本功带来知识的深度积累以及重复的实践。这三个要素实现了一门基础课的知识积累和理论构建目标。

首先，学生的好奇心带来问题导向型教学方式。在威廉玛丽的学生选课体系中，经济学是全校学生必选课程之一，这决定了该课程的学生来自全校不同专业，学生背景差异较大。100多人的大教室把控对老师而言难度较大，很难采用单一案例讨论或者翻转课堂等的课堂形式。因此，如何让这门课被学生接受、让学生真正理解教学内容并习惯于经济学思维，是课堂需要解决的难题。我在观察中发现，该课堂的互动主要通过学生提问来实现。70分钟的课堂上，学生从他们的理解和思考中提出各种各样的问题，老师不能在每堂课前准备所有问题，所以有时候老师只是说“我不知道，你的理解如何？”然后，他们会通过讨论来寻找答案。在有限时间里，不是每位学生都有机会提问，因此学生反而更加积极思考，一方面踊跃提问，另一方面快速思考其他同学的问题。这种即问即答、以学生为主的教学方式提升了学生的课堂参与度，调动了学生的积极性。在讨论过程中，问题的答案不是最重要，整个知识体系的融会贯通以及经济学思维训练的目标已经实现。因此，这种好奇心带来的问题充满了课堂，每个问题之间形成的相互印证与对话，又形成了对知识的再认识和再升华。

其次，笔记在课堂教学中的作用被充分发挥。课堂观察中，我被身边学生的课堂笔记吸引了。写黑板、记笔记一度是我们的好习惯。随着科技的发展，学生开始使用智能手机、平板或其他设备记录，或者单纯地拷贝PPT，老师也很少板书。这种方式形成了知识的单向输入，无法相互交流。在跟Mentor的交流中，对这种“传统”方式进行了沟通，想了解为什么有PPT还需要大量的板书，而学生则全程记笔记。他的观点说服了我。他认为，记笔记是一种有用的学习途径，关键不只是复制幻灯片上显示的内容，而是写下学生的思考，其所记内容也应该是一种与经济学理论的对话，写下自己的理论思想，并为进一步的创新性思考留下疑问。我也观察到老师的板书和学生的笔记差异较大，学生的笔记很多应用到了思维导图的方式，不同学生的笔记标注也不同，都写下了自己的问题和观点。随着知识的积累，加上其他课程的学习，再回顾自己的课堂笔记时，可以进一步回答当时的问题，这让学生在学习中真正实现了自我提升。如果只是把老师的

PPT拷贝下来，没有任何自己的思维过程，那么只能是知识点的整理，达不到理论架构的目标。

最后，构建一个良好的框架，既可以评价学生的学习效果，又可以帮助学生真正掌握基础知识（见下图）。该课程获取学生反馈的方式是通过反复的练习和课后答疑来实现。每次课后都有线下作业和线上作业，测试包括课堂随机测试、月考、半期考试和期末考试。同时，任课老师和助教均设有每周的Office Hour。但这些课业的功能并不在于测试本身，更多地体现为课堂讨论的延续。因为全班有100多名学生，没有足够的时间讨论和陈述，所以老师在每堂课结束后布置许多作业和问题，并通过批阅作业来实现与学生的交流讨论。另外，还有4个课间测验，老师将利用空闲时间为学生安排复习。由于经济学理论和框架对本科生来说是复杂的，需要反复训练，因此鼓励学生理解的一个好方法就是反复练习。这里的练习题和抽样测验每次需要10～20分钟，期中测试需要30分钟。可见，学生至少花3次时间来重复基本的思想和知识。这一及时性反馈，使得100多名学生能够跟上课堂进度并接受经济学理论这门课程。可以看出，教学中教师担任的不仅是一个传授者，还是一个平台构建者，通过构建多维度、多任务实践的平台体现教学效果。

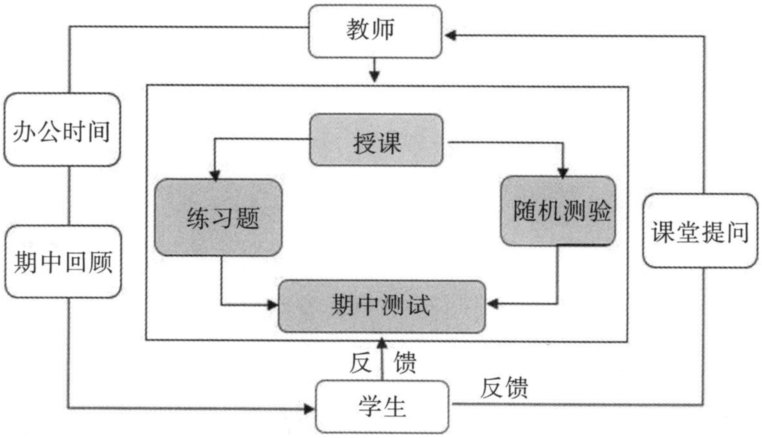

知识研究与创新平台

总之，4个月的学习和交流，让我对威廉玛丽学院经济类课程的整个设计有了深刻的认识。教师的能力体现在建立一个以学生为中心，连接学生思想、反馈和创造的系统。老师的作用只是知识的启发、平台的构建，所有知识的学习、积累以及创造都源于学生本人，而每名学生都通过主动学习和思考构建了各自的经济学思维体系，也为其他课程知识的学习和反馈留下了接口。

遇见，苏格拉底教学法

公共管理学院特聘副教授　任莉莎

初冬的成都，阳光和煦，银杏开遍，校园一片金黄。夹着书本走出教室，穿梭于教学楼间，不由得感叹时间过得真快，转眼一学期就要过去了。闲时，偶尔也会想起在美国威廉玛丽学院（威玛）法学院学习的日子。回来已经快一年了，想想此时的威玛，应该也是色彩斑斓的季节，学生们正忙碌着听课、阅读，完成各项作业、考试；教授们也忙着上课，忙着处理各项工作。而去年此时的我，应该也还在McGlothlin Courtroom旁听着Fred Lederer教授的applied evidence administrative information课程，努力地学着美国联邦证据规则，观摩着学生们的法庭实践。

作为学校第一批派往威玛学习的骨干教师，我于去年8月来到了威玛。根据项目培训安排，我将在这里学习三门课程：教学技术、教学语言和证据法学方向的专业课程。前两门课程由教育学院的教授授课，证据法学由法学院教授授课，而这名教授就是Fred Lederer，威玛法学院的首席教授，美国证据法专家。

“我们都是法学老师和律师，我教你美国法律，你教我中国法律”这是教授第一次见面和我说的话，至今记忆犹新。教授是一位认真严谨、谦逊温和的长者，虽年事已高，仍兢兢业业地奋斗在教学第一线，而McGlothlin Courtroom就是其专门的讲台。

先说说McGlothlin Courtroom吧。我看遍威玛法学院的教室，这里应当是最高大上的。其实，说教室并不准确，这里应该是一个法庭实验室。区别于一般的教室，这里配备了很多先进的电子通信设备和法庭审理的设施设备，能满足各种案件开庭审理的需要。每学期都会有一些实验性的案件在此开庭审理，法学院的学生们足不出户就能观摩到最好的法官审案，从而获得直接的司法实践体验，这一点让我非常羡慕。整个法学院能使用这间教室的只有Fred Lederer教授，我所在的学期他在此讲授“证据法”和“刑事诉讼法”。这两门都属于高学分课程，难度较大，只有法学院高年级的学生才能选修。McGlothlin Courtroom是Fred Lederer教授的工作成果之一。作为一个对科学感兴趣的人，他一生大部分的时间都致力将科学技术与法律相结合，为美国庭审技术的发展做出了巨大贡献。在这间教室，他主持实施了很多庭审技术的实验，比如10年前在这间教室里举行的一起刑事案件的法庭审理中，采用VR技术帮助证人作证。在此实验基础上，Fred Lederer教授研究分析了VR技术适用于法庭审理的可行性及弊端。因此，能走进McGlothlin Courtroom，学习美国的法庭审理模式、证据规则，了解美国法学教育的模式及授课方法，十分难得。

接下来说说Fred Lederer教授的授课。虽然教授年事已高，但只要站上讲台，永远神采飞扬，丝毫不见倦意，抑扬顿挫的声音，表演性的肢体语言，将严肃的法律在活泼的氛围中灌溉进学生的心田。开学伊始，每位选课的学生都会收到教授的邮件，一份本期课程的教学大纲。教学大纲的开头是来自教授对每一位学生的开学问候和自我介绍及联系方式；接着是课程简介，阅读材料，考试安排及评分标准；最后是按每一课时设计的一份详细的教学计划和安排。收到这封邮件后，学生便了解了老师、课程内容、教学进度、教学要求及考试安排等，从而方便做出自己的学习计划。作为听课人，我也收到了教授的这份教学大纲。

学习过程中，我曾和教授探讨过法学课程的教学问题。教授告诉我，“苏格拉底教学法”是美国法学院教授常用的传统的教学方法，他的授课也喜欢采用此方法。“苏格拉底教学法”还有另外一种称呼，叫“产婆术”。据说，因为苏格拉底的母亲是一名产婆，故而苏格拉底也称自己的教学方法为“产婆术”。结合教授上课情形，我觉得这个称谓十分形象。苏格拉底教学法，简单说就是老师在教学生获得某种概念时，不是把这种概念直接告诉学生，而是先向学生提出问题、让学生回答；如果学生回答错了，也不直接纠正，而会提出另外的问题引导学生思考，从而一步一步得出正确的结论。由于“苏格拉底教学法”自始至终是以师生问答的形式进行的，所以又叫“问答法”。纵观教授的全部授课过程，基本就是以问答方式进行。每堂课，教授都会确定一个授课主题，开讲后，根据课程内容抛出一系列的问题，抽选学生进行回答。他认真地聆听每一位学生的回答。如果学生的答案获得教授认可，便会看见他毫不掩饰地赞赏，面容兴奋异常，并习惯性地甩甩他那不多但飘逸的金发。如果学生的回答偏离主题，便被教授抓住不放。他会抛出一系列的问题，引导学生去思考直至获得答案，这个过程中的学生应当是紧张而害怕的，所以教授的提问和解答更多的是鼓励而非严厉。当然，学生也会提问教授，和教授争论，也会有谁也没说服谁的情形，但这并没有什么影响，双方依然教学甚欢。

旁听Fred Lederer教授的课，使我对美式“苏格拉底教学法”有了更直观的体验。虽然法律英语于我而言比较难，但我依然每节课都兴致盎然。教授生动有趣的教学，与学生的积极互动，言传身教地带领学生实践，都给我留下了深刻的印象。每一次教学都是老师和学生的探索之旅，教学相长，其乐融融，不论是在教授的课堂，还是在自己的课堂，这应当是共同的追求吧。

Fred Lederer教授的课堂

教学相长，不忘初心

——威廉玛丽学院访学心得

外国语学院特聘副教授　李　杰

2018年秋，我有幸入选电子科大—威廉玛丽学院“骨干教学队伍海外培训计划”，奔赴美国威廉玛丽学院，度过了充实的秋季学期，收获多、感悟深。

此次培训内容有三，学术英语听说、教学法理论与实践，以及对接导师课程。在学术英语听说板块，通过小组合作、互动探讨以及个人陈述，提升了英语听说与交流能力，加强了团队合作能力。在教学法理论与实践课程中，我们对教学理论尤其是对以学生为中心的教学理论进行了深入讨论，更好地理解了美国近30年高等教育教育理论和教学实践的演变背景、理论基础和课程改革。我在本科阶段虽然学习的是英语教育专业，已经具备了教育学、教学法和教育心理学等系统的基础知识，但是通过此次课程的学习，收获仍很大。

在对接导师课程板块，我的合作导师是Prof. Arthur Knight，本硕博都是芝加哥大学，目前是威廉玛丽学院美国研究和英语系的教授。我此次全程参与和学习了他的课程“美国研究导论：电影与美国文化的现代化”（Introduction to American Studies： Cinema and the Modernization of U.S. Culture）。每周3次，周一和周三是大班（38人）集体授课，周五是小班讨论；全班分为4个小组，莱特教授和他的助教莫莉（博一学生）分别负责2个小组，展开小班研讨，拓展、深化课程内容和核心难点。我整个学期全程认真参与了该课程，与其他同学一样，完成预习阅读、大班学习、小班讨论和课后作业。

课外，我也多次与莱特教授深度沟通，交流、讨论精英人才和通识教育的理念和实践。

与课程导师Prof. Arthur Knight交流后合影

此次教师培训，个人收获很大，有以下感受。第一，培训课程设置合理，涵盖了学术英语听说、教学法理论和实践，以及对接教授课程，既考虑到了我们科大教师的共同需求（学术英语与教学理论），又兼顾了教师学术差异和个人需求（对接导师）。第二，我校和威廉玛丽学院对此项目很重视，在课程设置、任课教师和入学培训等方面都做了大量的工作，从而确保了良好的课程质量。第三，威廉玛丽的确是美国顶级名校，历史悠久，校园优美，设施完备，学习氛围浓厚，教师队伍强大，是教书育人的好地方。第四，通过全程参与美国大二的课程，加上与对接导师的深度交流，我本人对美国高等教育，尤其是通识教育和精英人才培养，有了更为深刻的理解。第五，个人对互动探讨、以学生为中心的教学理念和课程设计，有了更为深刻的认知。在回国后的2019年春季和秋季学期，我在教学中全面践行了这一理念，更加注重学生学习的主动性、独立性和互动性，课堂教学效果更加显著，育人效果更好。

通过与威廉玛丽学生交流、多场景近距离观察、与教授深度交流，再辅论文阅读，笔者发现威廉玛丽学院的本科人才培养有如下特点。第一，入口难，标准高，招收的都是美国重点高中前10%的学生；在大二的时候，还会接纳少部分的优秀转校学生。良好的生源质量，使得其本科的精英人才培养有了用武之地。第二，强调小班教学和互动探讨，坚定践行以学生为中心的教育理念，同时充分发挥助教作用。第三，课程难度较大，阅读量很多，强调团队合作，强调学以致用和读写输出。第四，有完善的通识教育体系，强调通识教育的价值，学校教育定位清晰明确。第五，鼓励学生朝着多元化、个性化发展，同时配套的写作中心、领导力研究中心和职业发展中心，给予学生强大的后备支持。

当然，威廉玛丽学院的教育，目前也面临了一些挑战。笔者感受有如下三点。首先，传统的大一、大二、大三、大四这种循序渐进的课程安排，目前在威廉玛丽学院面临了较大挑战。其问题根源在于，美国名校（包括威廉玛丽学院）的入学选拔标准，使得部分学生在进入大学之前，在美国的10～12年级已经完成4～8门的大学先修课程（AP课程）。这些学生进入威廉玛丽学院就读后，发现大一的很多课程，已经在高中阶段完成。这部分学生的课程安排和选课需求，对传统的课程安排，提出了新的挑战。而且随着美国名校入学竞争的加剧，这种情况只会增加。当然，威廉玛丽学院目前也正在做相应的调整和改革。其次，由于社会专业化分工的不断发展，传统的通识教育也面临了新的挑战。如何平衡“通才与专才”、通识课程的难度和广度、通识教育课程的构成与学分比例，都面临新的改革压力。最后，威廉玛丽学院地处威廉斯堡旅游小镇，虽然宁静优美，但是经济体量偏小、实习就业机会有限，再加上资源的城市集群效应，使得威廉玛丽学院的部分学科（比如商学院等）也面临优秀生源和优秀师资的流失问题。但是，瑕不掩瑜，威廉玛丽学院在笔者心目中，仍然是顶级的美国名校！

在繁重的学习之余，笔者游览了威廉斯堡，饱览胜景，感受其历史底蕴和自然风光。此外，在2018年9月中旬，因飓风袭扰，学校停课一周。笔者也趁此机会，参观了美国哈佛大学、普林斯顿大学和罗格斯大学的校园，与数位在读的学生沟通交流，进一步增加了对美国社会文化和顶尖名校的感性认识；同时，在美国纽约和华盛顿，也目睹了美国社会的两极分化和治安隐忧！

综上所述，2018年秋季的美国威廉玛丽学院培训项目，是一次感恩之行、收获之旅，终身难忘！收获大、体会深、感悟多，对笔者未来的教育理念和教学实践产生了重大的促进作用。

在此，请允许我再次向学校领导和相关部门表达诚挚的感谢；我也将怀着感恩之心，更好地投入未来的教学和科研中，为科大的人才培养和教育事业，尽绵薄之力！

美国威廉玛丽学院访学心得

物理学院副教授　柯莎莎

我于2018年8月30日抵达美国威廉斯堡市，开启了在威廉玛丽学院长达一学期的访学生活。威廉玛丽学院位于弗吉尼亚威廉斯堡小镇，是一所文艺小清新的学校，弥漫着温暖的文理学院风。这所学校创建于1693年，是美国历史上第一所建校的学院，历史第二悠久的大学。我和本校一名老师提前租好了大学附近的一个中国人家庭的住房。热心的房东开车带我们去办各种手续，帮助我们迅速融入和适应美国的生活。我所在的小城镇居民友好和善，讲究诚信，开车遵守交通规则，礼让行人。威廉斯堡城市森林覆盖率很高，完美保留了18世纪英国殖民地时期的城镇风貌，是一个典型的传统美国风情小镇。

我此次访问威廉玛丽学院的主要任务是学习和调研“数学物理方法”课程的教学。威廉玛丽学院在2018年的U.S News上排名为32。这所学校的本科教育是非常有名的。它虽然在大U当中排名靠后，但却有着学院的小规模。在读的有6000多名本科生，2000多名研究生，6%的国际生。学校50%的学生在本科阶段都有去别的国家学习的经历。整个学校80%以上的课程，班级人数都低于40人。

我们同批9位访问学者，受到了威廉玛丽学院工作人员的热情接待，感受了简短而热烈的欢迎仪式。威廉玛丽学院国际交流处的老师带领我们参观了整个学院，为我们介绍了学校的悠久历史和良好传统，同时介绍了图书馆以及学习生活的一些细节信息。学校的硬件设施先进便捷，各种办公硬件一应俱全，超大全景落地窗和窗外的蓝天、白云、树林让人顿时安静下来，只想静静地待在这里。

到校以后，教育学院为我们提供一学期的英语课程和一门单独的教育学课程。英文课程涵盖美国历史、社会文化、口语、听力、写作多方面的内容。教育学课程主要介绍美国的大学教学方法和教学理念，在很多方面还和国内存在着一些差异。比如，美国大学教育更加强调学生的自主学习能力，课堂以讨论为主，而国内还主要是以教师讲授为主，学生的自主思考和自学能力尚待提高。

作为一个在本科教育上非常有名的学院，威廉玛丽学院的学术压力也非常大，学校的教授的水平也相当高。威廉玛丽学院要求的本科教育，深深的植根于文理学院的标准。通过一系列的通识课程体系教育学生去探究各种学科和领域的知识，并且积累各种必备的素质和能力。在物理系，我了解到所有课都是由教授亲自带课，而不是助教上阵。教授认为授课和研究同等重要，这与很多美国名校重科研而轻教学的风气形成对比。每个教授只教一两门课，每班都是30来人。

教授“数学物理方法”课程的Vahala教授，科研上从事原子分子物理和等离子体物理计算方面的研究。Vahala教授授课认真，条理清晰。我旁听课程的所在班级有20余位同学，上课时使用传统式教学，较少使用PPT；老师在黑板上推导理论公式较多；老师提问时，学生积极踊跃回答问题。美国注重学生课下自主学习和老师课上提升引导。教授会提前将教学大纲和这节课的阅读材料发到学生网络系统中。这里的本科教学比较注重学生的预习，学生课下需要花几个小时准备下一节课的学习内容。该模式比起老师上课满堂灌的教学模式更容易训练学生的思维和表达能力，培养学生的创造力。

从授课内容看，中美教学内容差异很大。这里选用的教材和国内通行的数学物理方法教材差异较大。国内主要以复变函数、数学物理方程以及特殊函数为主要学习内容，而威廉玛丽学院的数学物理方法课程则涵盖得更广，除了以上内容，还包括了线性代数、群论、场论、张量分析等近代物理常用的数学工具。但是由于课程时间的限制，很多内容只能做一个简单的介绍。课程作业和我们类似，每周会布置几道课后习题，但是一般由学生用电子文档完成，然后提交到网上由任课老师批改。

虽然身在海外，但心系祖国，政治学习不放松。我经常上网关注国内新闻，认真学习贯彻党中央和国务院的指示，学习研讨领导重要讲话精神，注意自己言行，始终和党中央保持高度一致，自觉维护国家尊严，宣传民族文化。一学期的访学时光转瞬即逝，我感到自己收获颇丰，在教学和科研方面都有了很大的进步。

威廉玛丽的本科教育：基于对“Institutions and Development，COLL 300”课程的观察

经济与管理学学院特聘教授　肖　文

2019年1月至5月，我有幸参加了电子科技大学与美国威廉玛丽学院（College of William & Mary，以下简称W&M）合作举办的“骨干教学队伍海外培训计划”。W&M创立于1693年，是美国历史第二悠久的大学，第一所公立大学。5个月在公立藤校W&M的学习和生活，得以近距离观察以教学质量闻名全美的W&M的本科教学。

我选择了经济学系John Parman教授主讲的“ECON 300：Institutions and Development（制度与发展）”作为观摩学习课程。这是一门COLL 300的本科通识课程。W&M以小班教学出名，每班学生通常不超过30人。因为是面向全校所有本科学生开设的通识课程，这门课的选课人数达到150人。John Parman说这在W&M是极其罕见的“大课”，也是他的首次大课教学。该课每周一、三、五9：00—9：50在Andrews Hall的101教室授课3次。一学期的完整跟课学习，让我深深感受到在W&M完成一门本科通识课程，无论老师的教还是学生的学，都相当不易。

一、COLL 300课程的确定及定位

在W&M，哪些课程进入COLL 300由学校Center for the Liberal Arts（CLA）决定。COLL 300课程可以在校园内完成，也可以在海外完成。校园COLL 300课程被定义为“将世界带入W&M（Campus COLL 300 courses bring the world to W&M）”的本科通识课程。其课程定位于“通过连接你与人、地点和思想，将你带离熟悉的环境，加深你的自我认识；通过把你带入直接经验范围之外的人和思想之中，挑战你的思维方式，并让你产生略有不适”（“Connect you with people， places， and ideas that take you out of familiar surroundings and deepen the way you see yourself in the world； Introduce you to people and ideas that are outside your sphere of direct experience； Challenge your way of thinking； Make you a little uncomfortable”）。COLL 300课程的学习体验要求“运用知识、构建问题所需的专业知识，以及沟通技巧，以自我反思、跨文化的方式参与认识世界”（“COLL 300 experiences ask you to use your knowledge， your emerging expertise in framing questions， and your communication skills to engage the world in a self-reflective， cross-cultural way”）。2019年春季学期，W&M共开设4门COLL 300本科通识课程，John 主讲的Institutions and Development是其中之一。

COLL 300课堂

二、COLL 300课程的教学安排和学习强度

在W&M，要取得一门COLL 300课程的学分相当不易，教学过程对学生极具挑战性，高强度的课程学习体验更像是一场压力之旅。以我所修的“Institutions and Development，COLL 300”为例，除参与正常课内教学和期末考试外，学生还需完成以下内容。

1. 两周一次的课堂在线测验

测验内容为各单元教学要点及课后文献阅读，选择题型，课内在线完成提交。学生带着电脑登录自己的Blackboard系统，20分钟内完成提交，提交后答题结果在线自动生成。John 把每道题的答题要点公布在Blackboard上，供学生比对复习。两周一次的单元测验既高频也高压，因为测验内容都源于指定的文献阅读和课内讲授，没有完成课后文献阅读或者“翘课”的，要想通过测验几乎不太可能。一学期下来，学生一共经历了这门课程“6+1”次测验。“+1”的那次是John提供给学生选做的。学生如果对已有的6次测验成绩不太满意，可以选择加测。规则是，一旦选择“+1”，成绩无论好坏，都会进入正式的成绩统计。

所有课堂测验都是闭卷。John在事前的测验通知中会“轻描淡写”地提到“闭卷”，但他并不特别提醒或三令五声告诫学生不能作弊。学生在课堂上用自己的笔记本电脑在自己的Blackboard中答题考试。由于测验内容均来自PPT课件或指定的参考文献，学生只要进入自己的Blackboard系统，就可以阅读所有John上传的教学课件和参考文献。其实，在测验过程中，学生要是查阅一下答题要点并不算是一个“动静很大”的动作，也很难被观测到。那么，约束学生或形成学生自律的是什么呢?

W&M在每间教室的醒目位置都张贴有这样的“诚信誓言”（Honor Pledge）：作为W&M的一员，我以我的名誉发誓，无论在我的学术或个人生活上，我都不说谎、欺骗或偷窃。我明白，这些行为违反了我们的荣誉守

“诚信誓言”（Honor Pledge）

则，破坏了我们共同维护的诚信（As a member of the William & Mary community, I pledge on my honor not to lie, cheat or steal, either in my academic or personal life, I understand that such acts violate the honor code and undermine the community of trust of which we are all stewards.）。有趣的是，所有“诚信誓言”的张贴都由家长基金资助。足以见得，在W&M，学校、学生乃至家长，各层面对诚信的重视和维护已达成共识。

2. 参加三次学校组织的大型嘉宾教学活动

这是COLL 300课程让我最受“震撼”的教学环节。这一环节不是某位任课教师的一己之力得以完成的，而是学校CLA面向所有COLL 300课程举办的大型教学活动。CLA每年都会为本科COLL 300的通识教育确定一个主题，并根据这个主题邀请3位嘉宾进校开展3次大型的教学活动。每位COLL 300的任课老师则根据受邀嘉宾的背景和讲座内容建立与其讲授课程内容的相关性；活动结束后，布置学生完成essay的任务要求。学生带着笔记本电脑进入嘉宾教学活动现场，做好记录；活动结束后根据任课老师的要求，在规定时间内提交一篇400～600字的essay。

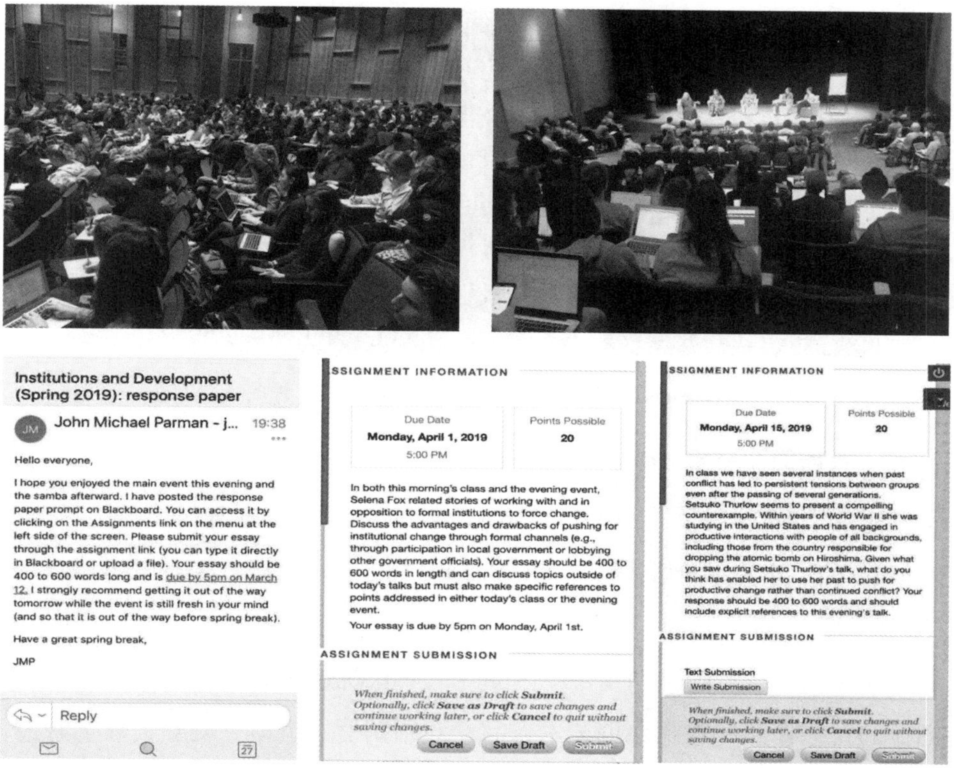

COLL 300课程大型教学活动

2019年，CLA为COLL 300确定的活动主题是“Ceremony”，3次大型的嘉宾教学活动分别在2月27日、3月27日和4月10日完成。第三期邀请的嘉宾是广岛原子弹爆炸的亲历者和幸存者，“国际废除核武器运动”（ICAN）的倡议者，2017年诺贝尔和平奖获得者之一的节子·瑟洛（Setsuko Thurlow）女士。面对来自全校各个学院的470名COLL 300课程学生，87岁的Setsuko Thurlow讲述了1945年8月6日，当年13岁的她所经历的人类最黑暗的时刻。在题为“Preserving Memory， Fostering Peace”的主题演讲中，Setsuko Thurlow呼吁核武器不会让人类变得安全，倡导废核。几百人的会场除了键盘敲击声、间或的抽泣声，就是最后全场起立给予的掌声。

“Preserving Memory，Fostering Peace”演讲现场

3. 自建团队参加“COLL 300学术节”

“COLL 300学术节”（COLL 300 Acedemic Festival）是布置给学生的学期团队任务。开学第一堂课，John就告知学生相关要求。2019春季学期的COLL 300学术节定在临近期末的4月25日。参与校园COLL 300课程的师生聚集在Sadler Center的整个二层，一起参与和庆祝这个学术节。学生自建团队创作的特色作品，包括原创艺术作品、戏剧朗诵、表演、交互式数字海报，以及播客等在学术节上公开展示。COLL 300 Acedemic Festival是最能体现学生人文素养、发挥学生创意并实现创意的实践环节。

COLL 300学术节

三、课堂内的小插曲：警报响起

2月13日上午9:00，Institutions and Development开始正常行课。按照John的教学安排，今天课内会有个单元测验。按惯例有单元测验的课，John会授课至9:30，留下20分钟开通Blackboard系统上的网上测验。行课至9:28时，教室的报警器突然开始尖锐地鸣叫。不等John发话，所有学生自发合上笔记本电脑，既无喧闹，也不惊慌失措，更无任何争先恐后或推攘，排着队安静有序地走出教室；John则从容地走在最后。整个Andrews Hall的报警器都在鸣叫，分散在不同楼层和教室的师生们纷纷走出大楼，聚集在外。20多分钟之后，一名楼管人员来到楼前向大家通报情况，解释一切无恙，解除警报，并申明这并非一次演习。“安民告示”之后，师生们又有序地回到大楼，一切像没发生一样。

在等待校方发布“安民告示”期间，大家在楼外三五成群地低声交流，脸上都是轻松和淡定；John则一直在给学生答疑。警报解除后，下课时间也到了。John迅速通过Blackboard群发邮件，通知大家在线测验的开放时间改在下午2:00—6:00，大家自行完成提交。

校园内警报响起后

四、最后一天行课日LDOC（Last Day of Classes）

在W&M的校园文化里，“最后一天行课日”（LDOC，Last Day of Classes）是个big day。这一天，学生会有些撒野，翘课、喝酒、晚上闹腾……过分的是，学校居然会有组织地举办庆祝嘉年华，“纵容”学生们庆祝LDOC。问及LDOC的由来，主讲教材教法的Jim Barber教授说，W&M的学生平日学业压力大（仅一门Institutions and Development已让我感同身受），紧张又严肃，因此每年的LDOC日，校方都会组织大型LDOC庆祝活动，好吃好喝好玩的全部端上，让学生可以尽情玩乐，充分缓压，释放紧张情绪，实现劳逸结合。今年的LDOC落在4月26日周五，学校教务长几天前就发邮件给所有老师，让老师们提醒LDOC有课的学生遵守教学纪律，不“失态”地上好最后一堂课。这一天，学校甚至会开放拥有324年历史的Wren Building，这座全美尚在使用的最古老的学术建筑提供给学生们登楼敲钟庆祝LDOC。多么奇葩的庆祝理由，最后一天行课日！

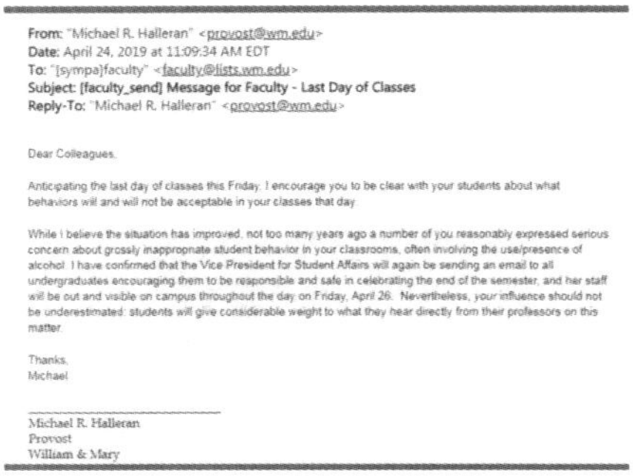

From: "Michael R. Halleran" <provost@wm.edu>
Date: April 24, 2019 at 11:09:34 AM EDT
To: "[sympa]faculty" <faculty@lists.wm.edu>
Subject: [faculty_send] Message for Faculty - Last Day of Classes
Reply-To: "Michael R. Halleran" <provost@wm.edu>

Dear Colleagues,

Anticipating the last day of classes this Friday, I encourage you to be clear with your students about what behaviors will and will not be acceptable in your classes that day.

While I believe the situation has improved, not too many years ago a number of you reasonably expressed serious concern about grossly inappropriate student behavior in your classrooms, often involving the use/presence of alcohol. I have confirmed that the Vice President for Student Affairs will again be sending an email to all undergraduates encouraging them to be responsible and safe in celebrating the end of the semester, and her staff will be out and visible on campus throughout the day on Friday, April 26. Nevertheless, your influence should not be underestimated: students will give considerable weight to what they hear directly from their professors on this matter.

Thanks,
Michael

Michael R. Halleran
Provost
William & Mary

图7　关于最后一天行课日的邮件

图8　Wren Building开放

Institutions and Development的最后一堂课恰逢LDOC，学生们穿着“Blowout 2019”（散伙2019）的T恤衫、背心，准时进入教室上课，规矩地听完John Parman的最后一堂课。整个课堂秩序井然，和平日一样。

当然，最值得期待的还是由学校“母校出品”（Alma Mater Production，AMP）举办的年度LDOC Party。校外住宿的学生乌泱泱地涌进校园，领取学校免费发放的印有“Peace，Love and LDOC”的T恤衫。最后一天行课日居然与和平、爱相提并论，这也真让人醉了！

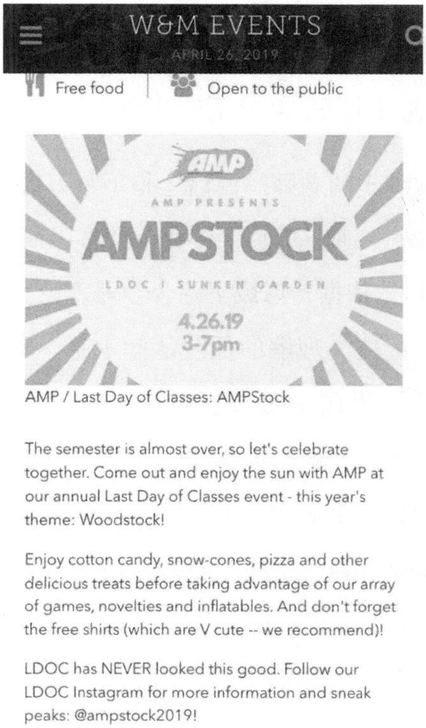

一棵树摇动另一棵树

数学科学学院教授 高 晴

什么是教育呢？德国哲学家雅斯贝尔斯给了教育最好的注释：教育就是一棵树摇动另一棵树，一朵云推动另一朵云，一个灵魂唤醒另一个灵魂。对于教育工作者来说，如何在教育活动中践行这点是值得深思的问题。2019年1—5月，短短4个月的教学培训，我在威廉玛丽学院经历了一次精神上的洗礼，以及教学理念的冲击。学院在以下方面的教学方式和教育理念令人印象深刻。

一、以学生为中心、脑科学为依据的学习范式理论

我们的教育学老师Jim，是个非常绅士的老师。说话总是不紧不慢，走路总是不急不缓，笑容总是暖如春风。他从博士开始就只做一件事：研究学习模式。十多年，他以大脑认知发展为科学依据，形成了综合学习理论。Bloom认知分类模型认为，学习应该遵循从记住、理解的低阶认知水平，到应用、分析再到评价、创造的高阶认知水平。低阶学习过程包括记住、理解和应用，高阶学习过程包括分析、评价和创造。学生的学习过程应该遵循这种学习规律，各个认知过程相互作用。学生需要充足的反思时间，才能真正完成学习范式过程。Jim提出，以反思为基础和以学生为中心的连接、应用、合成相互作用的综合学习模式是最有效的学习模式。在对我们的教学中，他贯穿了这个学习模式。让我们认识到，有效的教学模式是从旧的三中心到新的三中心的转变，即从以“教材为中心、教师为中心、教室为中心”向以“学生

发展为中心、以学生学习为中心、以学习效果为中心”的转变。传统的教学模式下的教室已经不重要。学生学习无处不在，不能拘泥于教材、教师和教室。

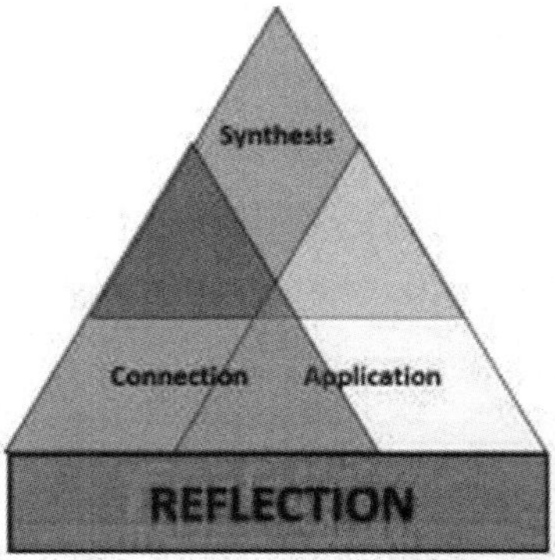

Integration of Learning Categories 2.0

二、通识教育理念的冲击

威廉玛丽学院形成了完整的通识教育支持体系即General Education Requirements（GER）系统，包括7类必修，约11门课，涉及哲学、创造和艺术、艺术的文化和历史、世界文化和历史、社会科学、自然科学及数学和定量推理。另外有COLL系统，也是7个分类，学生最少要完成8门课，包括阅读，写作，自然世界和定量推理，文化、社会和个人，艺术、文字和价值，看世界以及最后的顶点课程。涵盖科目广泛，文理兼容，且在每个方面都不是浅层的点到即止。对于每个专业，都有科学写作必修课程，训练学生的表达自己思想的写作能力。

三、分层教学实践

学院的分层教学模式特别突出，这不仅体现在通识教育体系上，我旁听的概率统计课程的设置也体现了分层教学的特点。概率统计的本科生课程从低年级到高年级包括了基础概率统计、科学家的概率统计、统计数据分析、生物学随机游走、优化研究的随机模型、概率论、数理统计、概率方法，研究生课程包括了优化研究的随机模型、概率论和数理统计。我跟听的课程有一门大一的基础概率统计和一门大三的统计数据分析。两门课都体现了知识的分层教学方式。大一课程重在培养兴趣，竭尽全力调动学生学习的兴趣和积极性。有学生提出问题，关于M&M巧克力豆的颜色分布真的是随机的吗？老师就买了一大袋巧克力豆让学生数各种颜色的豆的个数，并讨论从概率的思想如何解决从样本推出总体性质的问题。课堂小测试特别多，几乎隔周一次，并专设课堂答疑，体现出老师非常重视学生反思和反馈的问题。大三的课程重在应用，老师通过大量的案例，要求学生掌握对数据的科学分析方法以及实战能力，非常注重学生的应用和动手能力；学生最后会完成一个完整的项目，并得出实际结论。课堂灵活、平等、紧张。

与和蔼可亲的导师们合影

四、信息革命对大学的冲击

信息时代，互联网的飞速发展给传统教学方式带来了非常大的冲击。对于威廉玛丽这所比较传统的学校，这种冲击非常巨大。已经有些言论表示，在不久的将来，通过互联网，可以学习到任何想学习到的知识，传统课堂将不复存在，传统教师岗位也将不复存在。因此有教师有失业的担心。刚到威廉玛丽学院的时候，觉得非常奇怪，由美国传到中国并发扬光大的慕课、微课等线上学习方式，在威廉玛丽并不存在。她的E-learning体现在什么地方呢？有幸在学期结束的时候参加了学校的教学会议，才了解到他们的线上学习情况。

一方面，学校并没有追求潮流建立慕课、微课的学习资源，仍然进行传统的课程教学方式。学校认为，学习应当遵循人类大脑的发展方式和学习规律。人类对交流、分享和认同感的渴望是存在于人类的DNA中的，因此课堂上面对面的交流、分享、讨论和反思是不可取代的。只不过，传统的以“教师”为中心的教学方式应该改变，变为以“学生”为中心的教学方式。

另一方面，学校根据学生需求，建立了线上线下立体的以学生为中心的学习生态系统。总的思想是：教师变“出”为“入”，即教师搭建亲切有安全感的学习生态环境，组织学生主动学习讨论，引导学生聆听、总结、反思，由以教师“教”为中心的输出式教学方式，改进为教师“聆听”学生为主的学习生态系统；学生变“入”为“出”，即学生由被动输入式的学习方式变为学习同伴（包括教师）之间聆听、表述、互省、讨论、辩论、反思等主动输出式的学习方式。

爱因斯坦说过，“教育不是要记住各种事实，而是要训练大脑如何思考”。与同行们共勉。

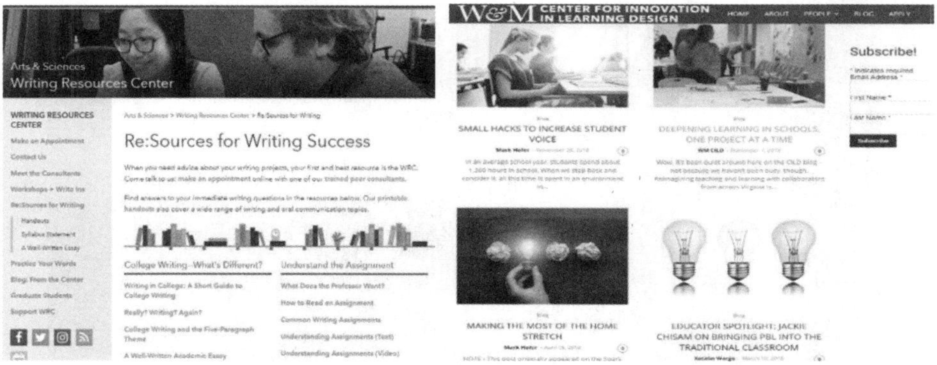

威廉玛丽学院丰富多彩的教学活动

提升教育理念　改进教学类课程教学

数学科学学院副教授　龚丽莎

2019年春季学期，我参加了美国威廉玛学院与电子科技大学合作的骨干教学队伍海外培训项目，培训内容包含由威廉玛丽大学教育学院负责的教学方法及改革课程以及对口学院一门具体课程的全程跟听。这使我对美国大学的课程体系、教育理念以及一门课程的实际教学过程等，都有了更深入的了解。本文综合在威廉玛丽大学的学习感受，先就一般教育理念抛出几个观点，然后就我跟听的具体课程——概率论（Math 451），做出总结和讨论。

在教育学院参与的每周教育方法讨论涵盖了多方面内容，包括课程设置、教学模式、课堂设计、网络教学、互动反馈、科学写作以及考核方式

等，其中给我触动颇大的有以下几点。

1. 从教的模式到学的模式的改变

我们现在提倡的“以学生为中心”“自主学习”等教学理念其实就是从以“教”为主导的模式到以“学”为主导的模式转变的尝试。但要真正实现从以“教”为主导到以“学”为主导的转变，根本上取决于如何全方位创造一个有利于“学”的环境，而不拘泥于教学形式、场地、课程、教材、内容等的限制。只要能促进学生的“学”，就是积极有利的学习环境，就是教师和学校要努力去为学生营造的。

2. 让学生对自己的学习负责

对比国内外大学生，国外的学生更多主动为自己的“学”负责，而国内的学生在学习过程中更多被“老师或家长要求我怎样”等想法支配。要真正改变这一局面，除了从教师的层面来引导和改变学生的思想之外，更重要的是从更高层面上制定相关政策来支持、激励甚至逼迫学生对自己的学业负责，由此才能真正激发学生学习的主动性。

3. 设计因材施教的学习环境

为了针对不同程度和天赋的学生尽量做到因材施教，教师不应形成单一和严格的课堂氛围，统一要求学生这样或那样，而是应该创造一个各抒己见、提倡批判性思维、学生各有特点又相互协作的学习环境。学生需要一定的自由度按适合他们自己的方式去学习。只有自由的土地，才可能结出创新的果实。当然，这里的自由要控制在有利于学习的基本原则之内，而不是无限制的。

4. 做到真正及时有效的反馈

众所周知，反馈对于教学过程的重要性，因为教学是教师和学生双方互动的过程，良好的互动带来的就是“教学相长”的理想结果。但要真正实现及时有效的反馈，涉及反馈数据的收集、分析以及基于反馈的教学策略调整。这些都需要教师采取适当方法并投入相当的时间和精力来执行。尤其对人数众多的大班来说，教学反馈工作是一个挑战，但可采用助教辅助、网络调查、抽样等方法来适当减少工作量。

5. **实现集成教育和长效教育**

相比之前大学课程和知识点专业化、割裂化所培养出来的“窄而深”的人才，现代社会对人才更多的要求是从“专”到“通”的转变，强调不同学科知识间的有机联系，学生的学习与其生活背景的关联以及某一阶段的学习在整个生命时长中所起的持续性作用，这些其实就是集成教育和长效教育所倡导的。如果能够在我们的教育中实现集成教育和长效教育的结合，那么学习会形成一张交互的大网，贯穿人的一生，其影响和作用是不言而喻的。

以下是我所跟听的课程——概率论（Math 451）的总结和讨论。

威廉玛丽学院的Math 451（概率论）课程与我所授相应课程的相似点：

（1）学生在课堂上不够活跃；

（2）课堂以教师讲授为主；

（3）课程成绩构成类似。

Math 451：课程成绩（100）=作业（30）+阶段考试1（20）+阶段考试2（20）+期末考试（30）。

我在本校相应课程：课程成绩（100）=作业（30）+期中考试1（20）+期末考试（50）。

威廉玛丽学院的Math 451（概率论）课程与我所授相应课程不同点见下表。

学校 / 对比项	威廉玛丽学院	电子科技大学
班级规模	小班	大班
学生行为	自由	约束
学生出勤	教师自主	要求
学生压力	较高	较低
讲授重点	理论、计算、应用、软件、数据分析	理论、一些应用
讲授方式	手写为主	PPT为主
答疑	每周一次，办公室面对面	不定时，课间，在线
作业情况	基本自己完成	相当一部分不是自己完成
作业批改	教师批改全部，以分数标注	助教批改部分，以等级标注
考试题	有部分主观题	基本为客观题

从这些相似和不同中，我主要得出以下几个结论。

1. 在我们的数学教学中，往往过于强调数学的严密性及其证明，而忽略了一些对培养“应用数学”能力而言很重要的东西：计算、应用、软件实现、数据观察和分析等。这些东西其实非常具有直观性，对帮助学生理解抽象数学概念和将数学理论应用到实际场景是极其有用的。

2. 国外数学教学一方面是“应用”比我们强，另一方面则是教学反而比我们“更传统”。这两方面看似矛盾，但其实揭示了一个道理：由于数学学科思维及推理的特殊性，我们不应摒弃传统的“chalk and talk”教学模式，甚至有些时候还必需以板书的形式才能简洁、高效、深刻地体现数学思维过程。因此，在利用现代手段和技术辅助教学的同时，应适度保留传统板书模式，并明确其在数学教学中的重要作用。

3. 考核方式的改革也是必需的。作业要不要在课程考核中保留，如果保留的话应该如何改进都须掂量。目前，我们的作业痛点是学生抄答案、起不到相应作用、助教批改效果不好、从中得不到真实有效的反馈、分数不明确导致争议等。考试题则还是过于传统、不够灵活，应以能力测试为主，适当向主观题和应用题倾斜。

4. 数学学科如何避免枯燥性、最大限度激起学生的自主学习兴趣、同时打好学生的数学理论基础及培养应用数学能力是一个国内外共同的问题。一个解决思路是借力新工科教学改革引发数学课堂革命，破除陈旧落后的教学理念和方法，实现不同学科的交叉融合并加强能力培养。

以上是我在威廉玛丽学院培训期间的一些思考和讨论。希望在今后的教学中能够部分融入以上思想，在自己的课程中加以实施，以观后效。

从侧重“教”到关注“学”的范式转换理念及实践

经济与管理学院副教授　鞠晴江

2019年春季学期，我有幸参加了学校组织的威廉玛丽学院海外教学培训项目，前往位于美国弗吉尼亚州威廉斯堡市的威廉玛丽学院，学习了美国高校在课堂教学中的最新理念，并通过教学观摩，见证了与这些理念相匹配的教学实践，收获甚丰。其中，我印象最深刻的培训内容是关于大学教学范式的转换，即从侧重“教”到关注“学”的教育理念的树立，以及威廉玛丽学院将这一理念予以落实的教学实践及其相关配套体系。现总结如下：

1. 大学教学范式应从“讲授范式”向“学习范式”转变

在传统的大学教育中，讲授范式（Teaching/Instruction Paradigm）以老师为中心，侧重“教”，即老师向学生传授知识，关注师资和课时等教学资源的投入。这一范式的问题在于将讲授本身当作教育结果，其实际教学效果可能不尽如人意。相反，学习范式（Learning Paradigm）以学生为中心，侧重“学”。在这一理念下，“产生学习（to produce learning）”成为大学教育的使命，即“为学生发现和构建知识创造环境和体验”，并根据学生的差异性来灵活选择最合适的教育方式。在这一新范式下，大学本身也转变为一个学习型组织，为更好地创造学习环境而不断改进（Barr and Tagg，1995）。

在美国，从“教”到“学”的范式转换的动因之一是大学学习环境的变化。信息获取的便利性极大地挑战了大学教师作为知识权威的传统角色，因此比“学习什么”更重要的是“学习怎么学”和“学习为什么”等问题。而回答这些问题，需要转变以老师为中心的传统观念，树立以学习者为中心的理念，将学生置于教学环节的中心位置，围绕学习本身进行一系列创新。更有甚者，Wright等（2018）进一步提出，“学习范式”下由老师设计学习方法和环境的做法还有待改进，应发展“去中心化范式（De-Centered Paradigm）”，让老师、学生和其他教学参与者共同设计学习生态系统，以达到更好的学习效果。

教学范式转换的另一动因是社会经济问题的复杂化和学科融合趋势的加强。这对以独立的学科和院系为依托的“讲授范式”形成了挑战，呼唤以解决问题为中心的“学习范式”的构建。对此，学习集成（Integration of learning）成为一项重要的能力，在知识之间实现连接、应用和/或合成。这需要在课程、学科、院系以及全校相关部门之间展开深度合作。

上述两项外部环境的变化，在中国当前大学教育发展中也表现得非常突出，因此教学范式的转变也显得极为紧迫。在CNKI中的文献检索结果也表明，“学习范式”这一主题词近年来受到国内高校更多的关注，成为当前大学教育质量提升的一个重点突破领域。

2. 大学教学范式转变是一个系统工程，仅理念更新是不够的

当威廉玛丽学院的教育学院教授将1995年的经典文献《从教到学——本科教育的新范式》进行课堂分享时，我受到了极大的触动。这篇文献发表于24年前，其提出的“学习范式”掀起了美国本科教育的整体性变革，但这对我而言却是新鲜理念。反思自己在经济学课程上的教学实践，虽然每学期我都在不断改进课程设计，但还停留在“讲授范式”下，课程目标被设定为向学生更有效地传递课程核心知识，以提升讲授效果。显然，这离以学生学习和学生发展为中心的“学习范式”还相距甚远。而我作为专业课程的授课老师，第一次深刻感受到教师在其专业知识之外学习教育学最新理论和实践的重要性，这对推动课程改革、改进教学效果具有事半功倍的作用。

与此同时，我也清楚地意识到，“学习范式”转型实践仅凭授课老师的理念更新和自身努力是远远不够的，这是一个系统工程，需要构建全方位的教学保障体系。以威廉玛丽学院为例，其教育学院、通识教育中心（Center for the Liberal Arts）、写作资源中心（Writing Resources Center）、电子学习中心（e-Learning）、学生研究中心、图书馆等机构通力合作，共同为“学习范式”的推行提供充分保障。威廉玛丽学院的通识教育中心在通识课程和专业课程上提出了“探索、创造、连接”三个基本要求，在其网站首页这样写道，“你所选择的课程和体验之间没有平衡的框架。相反，我们鼓励你跟随你的好奇心、你的头脑、你的内心”。写作资源中心充分利用在校优秀学生资源，为提升其他学生的写作和口头交流能力提供咨询和辅导服务；学生研究中心为学生在本科阶段进行研究训练和跨学科学习提供平台，为有志于走上学术道路的学生提供锻炼的机会。

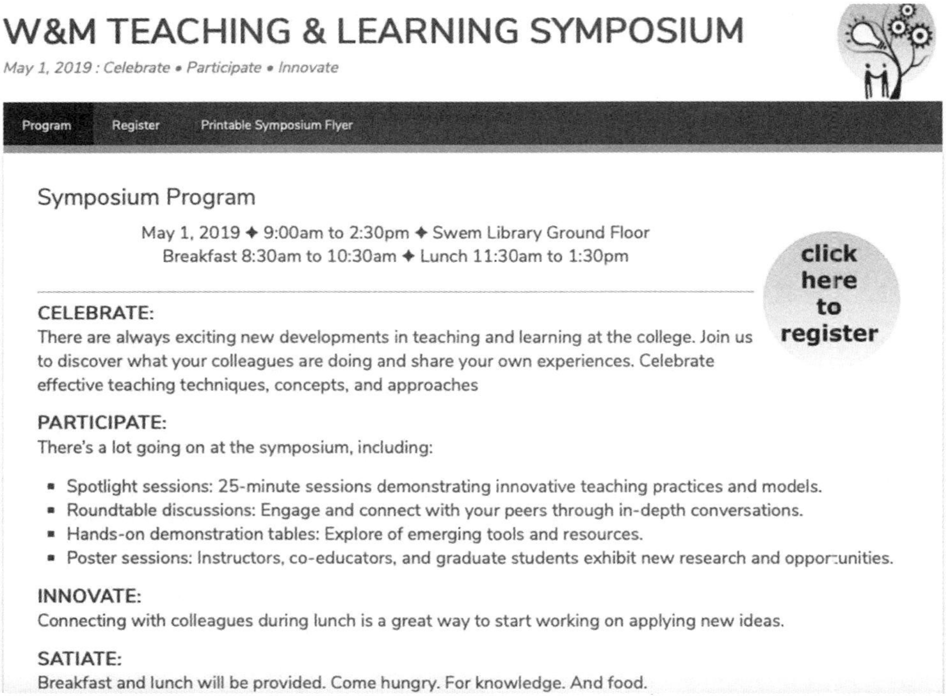

威廉玛丽学院的一次教学研讨会海报

注：请看最后一行“提供早餐和午餐。饿着肚子来。享用知识。享用食物。”

从“教”到“学”的教学范式转变并非易事，这需要高校师生在理念和行动上的一致推进。美国高校近30年的“学习范式”实践值得我们借鉴，但同时也要充分考虑我国的具体国情、各个高校的具体校情以及不同学科的特殊性，深入思考这一系列问题：如何针对学生的差异性，设计最有效的学习方法并营造最有利的学习环境？如何确保学生有意愿并有能力成为学习的中心？如何对学习过程及效果进行有效评价？对这些问题的回答，值得我们每个高校教师思考和实践。

威廉玛丽学院的教学研讨会现场

本科精英教育中的层次化课程体系与现代化教学手段、传统化教学模式的融合

——美国威廉玛丽学院访学心得体会

物理学院副教授　于景侠

我有幸受学校骨干教学队伍海外培训项目资助于2019年1月至5月公派到美国威廉玛丽学院完成为期一个学期的访问学习。这次出国学习的经历对我个人来说非常珍贵，我非常感谢学校领导和有关部门对一线教师成长的关心，感谢威廉玛丽学院相关老师的辛勤付出。威廉玛丽学院是美国历史最悠久的公立大学，师生比例相对较高，以本科精英教育著称。我想，这也是学校派遣一线教师去交流学习的目的，就是学习对方的小班教学和精英教育的先进理念和教学方法。

初春季节的威廉玛丽学院——静谧、迷醉、生机盎然

图书馆——丰富的教学资源可见一斑

首先，在小班教学方面，教师通过各种手段，如问卷调查、小组讨论、辩论等方式，加强学生对知识的理解和运用，课堂气氛活跃，师生之间的互动频繁，而且课堂上的交流往往能够延续到课后，常常有学生到教授的办公室求教。

美方教师与中方学员正在进行小班教学研讨

其次，重视新的教学方法和传统教学方式的有机结合。我所观摩的Physics Lecture课程，任课老师Professor Patricia Vahle是一位40多岁的女教授，可谓年轻教师。但是她的课堂相当传统，最典型的，她几乎不使用PowerPoint，从头到尾都是手写板书讲授，大部分图形也都是手绘，有少量难以手绘的实物图以及帮助学生理解的动画和视频，才通过电脑进行展示。这不仅对老师的教学水平和知识熟练程度要求更高，也大大增加了备课和课堂上的工作量。起初，我对这样的教学方式并不以为然，但是慢慢的我发现，绝大部分学生都在认真地做课堂笔记。虽然这样的教学方式进度比较慢，但是学生在认真听讲之余又认真记录一遍笔记，学得非常扎实。对于理工类基础课程，学得扎实显然比学得快而更重要。反观以PPT为主的教学方式，如果学生要听讲，就没时间做笔记，而且长时间听讲容易精神疲倦而走神儿。另外，这门课的作业比较多，基本上每周都有一次作业，而Vahle教授一方面坚持在课间亲自发放批改后的作业，课堂上也很注重与学生的互动，全班60多人，她很快就能叫出大部分学生的名字；另一方面，他还安排了很多课堂演示实验内容，把一些小型的实验仪器搬到讲台上来，亲自演示并邀请学生参与，还结合自己的科研，向同学们介绍一些前沿知识和动态。

Vahle教授在课堂上做演示实验

再次，注重课程设置的层次化和系统化。威廉玛丽学院的课程编排是很有讲究的，哪些是基础课，哪些是专业课，哪些是高阶课程，哪些是研究生课程，非常明晰。另外，课程设置和定位也层次分明。以我观摩的几门实验课为例，基础物理实验课作为理论课的辅助课程，只要求加深对理论知识点的理解，仪器设备的智能化程度很高，并不培养动手能力；三维打印实验室是面对全校师生的全开放实验室，里面有各种力、热、光、电实验设备，还有配套建模软件，是一个相当综合的实验室，主要培养学生动手能力；近代物理实验课的内容是根据该校老师的科研专长设立的，大部分是微观粒子方面的实验，一个实验可能需要三五天甚至几周时间才能完成，需要采集海量的实验数据并分析处理，培养学生的科学精神和实验素养，并有利于引导学生走进物理学的研究领域。从这些实验课程的设置可以看出，每门课程都有清晰的定位和学习目的，对某一门课程的要求不贪多求全，不会既要求打基础，又需要锻炼动手能力，还要培养科学素养和创新思维。我认为这方面值得我们的教学管理者认真思考。

基础物理实验室、三维打印实验室、近代物理实验室

最后，提供给学生更多的实践机会。我们都知道美国高校的暑假时间非常长，暑假期间会安排各种形式的实践课程，由专业老师带队，包括境外、省外和校内，而且是学生的必修课程。另外，威廉玛丽学院对助教的设置非常普遍，就我参观的几门实验课程，全都是有助教辅助教学的，甚至有些课程以助教辅导为主，教师的主要任务是课程设置、设备维护和培养助教。威廉玛丽的教育学院设置了一门科学写作辅导课程，培养了大批的学生助教，对低年级学生进行科技论文写作的一对一辅导，义务和有偿相结合。这一项课程设置对于整体提升全校学生的科技写作能力非常有效果，同时教师的负担也不重，是充分发动学生和信任学生的典型做法。

威廉玛丽学院的教学模式是值得学习的，但是如果完全照搬，也会存在一些水土不服的现象，需要我们进一步去研究和改良。威廉玛丽学院以小班教学著称，可是我国高等教育的国情是招生规模大、学生多，经常有远超100人的大班，在这种大班课堂上如何调动学生的主观能动性，积极参与教学活动中，是一个值得研究的课题。从实验类课程的设置来看，威廉玛丽学院比较重视课程的体系化和循序渐进性，而国内的高校在减学分的大趋势之下，往往倾向于砍掉一些比较基础的课程，这有可能造成课程体系的断层，值得我们深思。小班教学不只是学生人数、教学方法和教学手段上的变化，更是教学理念上的革新，从课程设置上多下功夫，明确课程定位和教学目标，才能确定和实施更适合的教学方法和教学手段。

以上愚见仅是个人的一些心得体会，不当之处难免，提出来和诸位老师共同探讨。

威廉玛丽学院的人文教育体系

经济与管理学院副教授　彭　岷

非常感谢人力资源部教师发展中心的支持，提供了这样一个赴知名海外高校完整体验一学期课程的访学机会。非常感谢中心各位老师为此付出的努力和时间，使得整个活动组织得当、条理清晰，还随时对出访老师们提供关怀和支持，使得我们能集中精力去深入了解常春藤名校的教育教学体系。限于篇幅，下面记录的只是此行中我印象最深刻的几点。

一、历经30年的教学改革

在教育理论课程上，我们惊讶地发现美国教育界目前正在享受的是持续了25年之久的艰辛教改的成果。那是源自于1995年的一篇论文（Robert B. Barr & John Tagg，From teaching to learning，1995），列举和比较了“以教为中心”和“以学为中心”的巨大不同，呼吁整个教育界需要一场范式革命，才有可能真正做到“以学为中心”。

这一轮改革现在已取得了丰硕的成果。从社会到学校，如今都认识和理解到大学的本质是启发学生自身的潜能，促使他们发现自我、发展自我，而不仅仅满足于知识和技能的传递。统一认识的结果，学校能够放手从教学条件保障和教育教学体系上给教师们足够的支持，使他们真正将教改落到实处。

于是我们看到到了相当不同的上课方式：很多小班课堂上只见到讨论和辩论，看不到老师讲解知识点。因为很多老师都认同：知识点和知识点的理解都属于低阶学习，让学生们课外完成就好了，不要占用宝贵的课堂时间。课堂应该拿来讨论、引导、发展，这才是秉承“以学为中心”理念的教师应当承担的职责。

二、课堂外：人文教育体系COLL System

学校的教育体系也在积极向“以学为中心”转变。就在5年前，威廉玛丽学院决定要进行一场巨大的变革，彻底改进自己的人文教育体系。

此前，他们采用的体系与美国大多数综合性大学的体系类似，这套称为GER（General Education Requirements）的体系包括了7大类课程，对学生的要求是必须涉猎每个大类且修习总数达到11门。这些大类诸如：

- Mathematics and Quantitative Reasoning
- Natural Sciences
  - -physical and biological
- Social Sciences

- World Cultures and History
  - in the European tradition
  - outside the European tradition
  - cross-cultural issues
- Literature and History of the Arts
- Creative and Performing Arts
- Philosophical， Religious， and Social Thought.

而改革后，形成了一套路径更清晰的升级体系，适度标出了每门课程的难度和综合程度，方便学生规划自己的求学方案。简单描述的话，这套COLL系统类似于：

- COLL 400：Capstone综合讨论课程（4年级）。
- COLL 300：资助学生们去海外学习、了解不同文化（3年级）。
- COLL 200：各分支和分支混合课程（2年级）。
  - COLL 200 ALV - Arts， Letter， and Values.
  - COLL 200 CSI - Culture， Society， and the Individual.
  - COLL 200 NQR - Natural World and Quantitative Reasoning.
- COLL 150：聚焦写作的课程（1年级）。
- COLL 100：聚焦阅读的课程（1年级）。

三、课堂外：帮助中心

为了帮助老师和学生们尽快融入教学改革，威廉玛丽学院提供了相当多的各种“中心”作为支持手段。这些中心提供辅导的人员很多都是学生（特别是执行面向学生的辅导），甚至很多管理人员也都是学生，这就充分保障了灵活性和人力资源。这些中心花样繁多，甚至都数不过来。其中，让我们印象深刻的有：

（1）学业发展辅导中心

目标是辅导学生在COLL系统里选课，由资深学生来帮着讨论学业计划、双学位计划、辅修计划等。

（2）写作中心

学生出手来帮助大家完成作业、完成学业。

（3）心理辅导中心

帮助学生舒解压力、辅助建立人生观、价值观等。

（4）教学创新中心

利用每年的假期时间集训老师们的教学技能，他们也对周边的中小学老师展开类似的集训服务。

四、课堂内：教室生态系统

我们此行受训两门课程（教育学、英语），且每位老师还旁听了一门本科课程。每个人感受差异较大，但都认同一点：威廉玛丽学院的每位老师都非常善于营造和维护课堂气氛。

他们将之称为“教室里的生态系统”——意思是在课堂上，老师和学生之间有一种联系，这些联系加起来形成课堂的氛围。良好的氛围能极大地调动学生们的积极性，而积极性在“以学为中心”的课堂里至关重要。因此，每位老师都对此高度重视，从第一堂课开始就着力于生态的营造。他们的常见手法有：

（1）课前通过教学系统分发大纲（syllabus）让学生了解自己、自己的要求，一般都会强调主动分享是平时成绩的组成部分。

（2）课前通过教学系统分发调查函，让学生介绍自己。

（3）第一堂课的破冰行动。目的是让学生慢慢熟悉这个课堂、熟悉在这里发言的感觉。

（4）花样繁多的课堂互动手段。除了讨论和辩论，还有多种互动游戏环节，都是为了调动学生的参与积极性。

（5）教师们的自我修炼。亲切、鼓励的态度，并且要认真练习怎样做一名真正的听众。

威廉玛丽学院的法律课堂

经济与管理学院副教授　冯　薇

2019年8月，我们威廉玛丽访学第三批次小分队来到美丽而安静的威廉斯堡，开始了我们为期4个多月的教学访问。非常感谢学校的支持和教发中心老师们的努力和付出，使得我们整个访学活动非常富有组织性和系统性。本次为期半学年的访学活动，由于电子科大教发中心和威廉玛丽教育学院的默契配合和良好组织，我们都受益良多，在高等教育的教学方法和研究，以及各自的专业课教学水平上都有较大提升。

2019年秋季学期参培成员合影

在整个访学活动中，我一共参与和旁听了4门课程。分别是教育学院专门为小分队成员开设的大学教育和英语课，以及法学院的版权法和模拟法庭课程。在大学教育这门课上，教育学院的两位老师Jim和Kathrine每次课都会讲授一个与大学教育有关的主题，并且请了很多Guest Speaker来给我们做专题讲座。在这门课中，我们了解到了威廉玛丽最新的关于高等教育的改革成果，其中比较有代表性的是通识课教学体系（COLL System）。该体系是此前才用的GER（General Education Requirements）体系（7大类课程，要求必须涉猎每个大类、且修习总数达到11门）的升级版，适度标出了每门课程的难度和综合程度，使学生能自主规划求学方案。其中，包含资助学生们去海外学习的课程。我们还了解到威廉玛丽建设了各种“中心”，帮助老师和学生们了解、学习并参与教学改革中来。比如“写作辅导中心”，一般由本科三年级以上或硕士生组成，帮助学生完成各类作业；“多媒体学习中心”，帮助老师和学生采用最先进的多媒体教学手段。在英语课中，美丽优雅的Susana老师带领我们学习地道美式英语的听说读写、日常表达，大大提升了我们的英语

W&M / UESTC
Excellence in University Teaching Program
Fall 2019

Co-Directors:	Jim Barber, Ph.D. jpbarber@wm.edu 3090 SOE	Katherine Barko-Alva, Ph.D. kbarkoalva@wm.edu 3071 SOE
Class Location:	2011 School of Education	
Dates/Times:	Tuesdays 9:30-11:30 am	
Office Hours:	We're always happy to meet with you; please email or talk to us after class to arrange an appointment!	

I. Seminar Description:

This seminar offers the opportunity to further explore topics related to university teaching (i.e., student motivation, inclusive teaching, technology, and student support).

II. Course Aims and Learning Outcomes:
Specific Learning Outcomes: By the end of this course, participants will:

1. Gain insight into university teaching in the U.S. context.
2. Find connections across disciplines in terms of teaching practices.
3. Use what you are learning in the U.S. to create a syllabus for your class.
4. Analyze and evaluate different teaching and learning strategies.

III. Course Format:
The course format is grounded in adult learning theory and will include instructor, participant, and guest presentations, interactive pair/small group activities and tasks, whole class discussions and activities, and individual metacognitive activities.

2019年秋季学期教学培训介绍

会话和写作能力。这些课程都给我们留下了非常深刻而美好的印象。而在这篇短小的访学小结中，我想重点提到的，是我在威廉玛丽学院法律课堂上的所见、所闻、所得。

自1995年Robert B. Barr & John Tagg论文“From teaching to learning”开始，美国的高等教育界就开始了一场历时25年之久的艰辛的教学改革，即从以“以教为中心”向“以学为中心”转变。这是一场范式的变革，对于每一位改革参与者来说，无论是老师、学生，还是教学管理方，都是巨大的挑战。要真正做到“以学为中心”，需要老师对所教授的内容有深度掌握，能够根据学生的现场讨论进行即时总结提升；需要学生提前预习，课下阅读丰富的资料；需要教学管理者给予任课教师高度信任，能够从教学组织、考核方式等方面为教师提供可靠保障。毫无疑问，对于各方而言，“以学为中心”都意味工作量的成倍增加。因此，尽管在美国的大学教育中，这场教学改革已经推进了20几年，仍然不是每位老师的课堂上，都是采用 的“以学为中心”的方式。非常有幸的是在威玛访学期间，我主要旁听了法学院Laura（劳拉）教授的“版权法”课程。Laura教授在她的课堂上，正是采用的不折不扣的“以学为中心”的模式，让我受益匪浅。

威廉玛丽的法律课堂

总结起来，威廉玛丽的法律课堂主要有以下特点。

首先，Laura在每个班级都设有Lecture式的讲课，即使在第一周。我们通常会认为前几周的课程应该以老师讲为主，后面再启发学生讨论。但是

Laura不是这样的。从与版权法班的学生交谈中，我了解到法学院其他大多数课程的情况都是一样的。通常，学生将在一节课中讨论三四个案例。Laura将组织学生讨论案件事实和双方的主要观点，然后其他学生可以做任何补充或评论。在案例讨论中，Laura担任了组织者和提问者的角色，她鼓励学生从不同角度思考问题。如果学生大多从一方观点出发讨论案件，Laura会问这样的问题：如果你是另一方当事人的顾问，你会怎么想？但是Laura较少发表自己的观点，更不会武断地说某位同学的观点不对。这种课堂教学要求学生提前阅读案例的所有材料，这对学生和教师来讲都是一个很大的挑战。

其次，学生思维非常活跃，互动密集。所有学生都对课堂上的情节讨论感兴趣，并受到鼓励随时提出问题。当一个学生陈述他的观点或提问时，其他学生通常非常仔细地听。他们可能会添加评论、提供答案或提出更多问题。令人惊讶的是，Laura不会为他们的课堂讨论打分，所以每个学生都活跃在课堂上，只是因为他想表达，而不是因为他想得到更高的分数。同时，所有的学生都很勤奋，喜欢在笔记本或电脑上做笔记。记笔记是学习知识的好习惯。遗憾的是，我们在中国的学生不知道如何做笔记；有时，他们只是拍摄幻灯片的照片，并在课后依靠老师的PPT来学习。因此，他们唯一能做的就是坐在那里听老师讲课。同时，我也注意到Laura的PPT非常简短，如果学生想从老师或其他人的发言中记录有用的讨论和意见，则他们必须做笔记。在电子科大，我们的老师通常为课堂准备非常详细的PPT，几乎包括所有在课堂上要涵盖的内容。对于这两种形式，我更喜欢W&M的方式。做笔记是一种有用的学习方式。关键，这不只是复制幻灯片中显示的内容，而是记录本人对此的看法。因此，做笔记也是与法律理论的对话。学生记录重要的概念、定义，同时他们也记录自己的想法，甚至一些批判性的看法。

最后，老师非常认真地批改学生作业，并反馈给每个学生。这意味学生和老师课后有很多工作要做。Laura给我看了上学期的学生作业，有很多论文，每一页都经过老师的认真阅读。最后的期末考试，是由Laura自由命题，通常是虚拟一场版权纠纷，让学生作为律师给当事人提出建议，或者是向对方当事人发出律师函。学生使用电脑作答，但是不能上网，因此杜绝了抄袭的可能。Laura阅卷时是匿名阅卷，避免主观印象带来的给分不公正的现象。通过课后作业和期末考试中对知识的反复练习，教师构建了一个良好的框架，帮助学生真正掌握基础知识。

所以，在威廉玛丽的法律课堂上，学生是知识学习的主体和核心；教师的主要任务是建立一个将学生的思想、反馈和创作联系起来的合适系统，如下图所示。

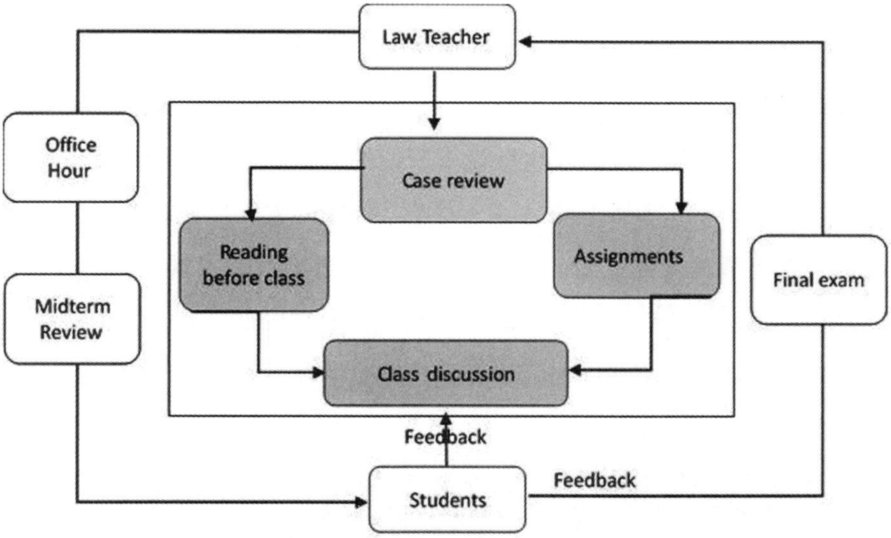

Framework of knowledge learning and Practing

总之，通过一学期的观摩，我体会到“以学为中心”的讨论型课堂对于法律类课堂的重要性。它不仅带来课堂的活跃度，也能促进学生通过大量阅读和讨论真正掌握基础知识。我将把在威廉玛丽的所见、所学用在自己今后的课堂上，逐渐实现由“以教为中心”向“以学为中心”的转化。

教学中起“大”作用的“小”技巧

马克思主义学院副教授　郭芙蕊

“大“与“小”是一对矛盾，两者具有包含关系，小构成大，有限的小可以构成有限的大；两者具有相对关系，小与大是相对而言的概念，没有大就没有所谓的小，同样，没有小也就没有所谓的大；两者具有转换关系，在一定时空条件下的小，可以变成另一个时空条件中的大，反之亦然。这或许是对两者关系的最普遍的认知。但是，如果有一天，我们发现小可以变成大，甚至“有限的小可以变成无限的大”，那将是一种怎样的认知感受？在威廉玛丽参加教师培训的几个月中，我体会到这种魔法在教学中实现的可行性，很愿意和正在阅读拙文的读者分享一下。

隐于花丛却格外显露的威廉玛丽校牌

在教育学院开课的第一周，Jim Barber 和 Katherine Barko-Alva 教授通过分组的形式就教学中的具体问题让我们讨论，让我们把想法书写在粘贴在教室四周的几幅大号的纸板上，并向所有人进行解释和说明。问题是开放性和非标准化答案的。第一堂课的目的在随后发给我们要求阅读的文章中揭晓，同时明确了整个培训的主题——从“Teaching Paradigm”向“Learning Paradigm”的转换。接下来的整个培训几乎都是围绕这个主题而展开。教育学院的课程大多是从理论上进行阐释和说明，而我的合作导师 Matthew Haug 的课程则是这种理念的实践展示。我将不按照时间历程进行细节赘述，仅进行凝练式的总结。

培训期间的第一堂讨论课

第一，高等教育多维立体目标的实现需要进行“以学为中心”的教学。高等教育的多维立体目标包括记忆、理解、应用、分析、评价和创造几个方面。其中前几项是传统“以教为中心”的教学模式可以实现的，但后几项就需要转向“以学为中心”。教学是“教”与“学”的双向过程，教学效果的发挥，取决于“教”与“学”的过程中的所有人的努力，不仅有教师的“教”，还需要学生的“学”——那种带着责任感、兴趣和挑战自我的自主学习。

结合自己的实际教学经验，我认为对于专业课来讲，构建“以学为中心”的教学体系比较容易；对于思政课来说，构建这种教学体系难度较大。

但是，“以教为中心”的教学模式可能会将教师的局限转变为一门课程甚至是教育本身的局限。“以学为中心”的教学模式可以充分发挥学生的自主学习能力，把“定量式教学”变成“变量式教学”，通过教师的适当引导，以意想不到的效果完成课程学习和能力提升。所以，高校的各类课程的确需要实现适度地从“以教为中心”向“以学为中心”的教学模式转变。

第二，高校“以学为中心”的教学中度的掌控。在实际的教学过程中，由于多维立体教学目标呈现低阶向高阶教学目的和效果的转化，造成很多教师想跨越低阶目标直接走向高阶目标的现象，认为记忆可以在非课堂时间实现的，尤其借助于网络媒体，并有在课堂上主要进行研讨式教学的强烈教学设计倾向。但是，没有足够的知识的吸收和记忆，学生没有办法在更高的层面进行探讨式学习，而知识的吸收和记忆，不能完全依靠学生的自学来完成，依然需要依靠“以教为中心”。因此，实现从“以教为中心”转向“以学为中心”，并不是要实现完全替代，而是要根据不同学科教学的具体特点进行适度转向。

第三，实现学生高效记忆和理解的课堂“小技巧”。在有限的可被分配的授课过程中，有效地实现记忆和理解的目标，打好实现高阶教育基础所需要的不是大的改变，而是以教为主导的小技巧。在Matthew Haug教授的授课过程中，他几乎每次上课之后都会利用几分钟时间让学生对上次课内容进行总结，或者做个相应的口头小测试，或者在下课之前的几分钟让学生做关于下次授课内容的预测或者测试。他向我解释这样做的原因：虽然在没讲述具体内容之前就做相关知识的测试，学生的答案正确率会比较低，但是这会引起学生在下次授课中对这些问题的特别关注，能够加强理解和记忆。利用授课开始或结尾的两三分钟，可以有效地帮助学生实现记忆和理解的目标，这不得不说是“小技巧”。但是，这种“小技巧”奠定了学生进行高水平研讨的良好的基础，起到的是“大作用”。

自由并紧张的威廉玛丽大一新生课堂

作者与合作导师Matthew Haug教授合影

第四，在学生头脑中建立知识有效调用路径的“小技巧”。要实现学生对知识的深刻理解、应用和分析，就需要让这些知识不仅仅存储在头脑中的记忆空间，而是要建立可随时高效调用的路径。如果知识是以碎片化的方式存储，将无法实现有效调用。因此，课程中学到的新知识需要嵌入进已有的知识体系结构中，尤其是构建跨专业的、文理科相互融合知识体系。在Matthew Haug教授的授课过程中，他会根据问卷回答等方式确定学生的专业知识基础，并进行跨专业的团队的组建。

以往的教学中，教师的授课模式大多不被学生的专业所影响。其实学生所学专业以及学生已经获取的其他知识，能够直接影响学生对课程所讲内容的理解和接受程度。所以，为了让学生能够改变学习态度，积极参与课堂互动，教师有必要研究一下授课班级的学生的专业背景和先期所学的相关课程。要根据学生的学科背景不断调整、创新授课方式，这样才能达到更好的课堂教学效果。要针对不同学生的专业背景来设定不同的讨论主题，进而调动学生的对话热情，提高学生的参与度和获得感。更为重要的是，可以在此基础上丰富和建立头脑中的跨专业知识体系结构。

第五，拓展高等教育边界的“小技巧”。高等教育的边界，从空间上讲，应该从教室内扩充到教室外，如图书馆以及整个校园；从人员上讲，不仅是授课老师，还包括各种工作人员。在Matthew Haug教授的授课过程中，就有一次全体同学的授课地点在图书馆，而且授课教师是图书馆的相关人员，讲述的内容为选定主题的资料检索和分析。Matthew教授的课程是大学一年级学生的选修课。如果从大学一年级开始，学生就具备查阅相关资料和深入分析资料的技能，学生将有足够的自主能力对课程中感兴趣的问题进行深入的研究和分析，这将是推动高等教育高阶目标实现的必要的途径和手段。

让我印象深刻的是威廉玛丽的“写作中心”。教育学院的课程设置中，有一节课是在“写作中心”完成的，由写作中心的负责老师介绍该中心的设立、运行和效果。学生采取网上灵活预约的方式进行写作指导，包括主题深化、内容构思、语法指导、词句指导等多方面的内容。其实，一门课程的学习，除了获取知识形态的内容外，读和写的能力需要同步提升，而在读和写的能力提升过程中，必要的指导是应该由学校提供并由教师灵活嵌入授课过程中。我们学校的经典赏析系列课程想要实现的，正是“听、说、读、写”的综合性能力。但是，在其他课程中，学生应该具备的能力还没有被充分地挖掘和培养。

在威廉玛丽的培训让我收获很多，遗憾的是，有很多感受是无法用语言完整并准确表达的。初到Williamsburg，发现这座深处森林之中的小城实在没有太大的吸引力。当我向洛杉矶的一位教授请教问题不经意聊起William & Mary时，她说：“这所学校在某种程度上要比哈佛还要好，尤其在本科教学方面!”听到这种评价，我头脑中出现了一堆代表怀疑和不解的问号。随着培训的展开，头脑中的这些问号慢慢变成了叹号。培训结束后，我感觉自己的教学可以发生很大的变化和提升。回校之后，我积极地将培训所得应用于自己的教学实践，取得了教好的效果，被学校主页、学习强国和党建网宣传。此刻，我头脑中仍然有很多的设想，会通过理性的分析和判断，适度地融入今后的教学中。

William & Mary 教学培训杂感

经济与管理学院副教授　何　伟

我于2019年8月到达美国College of William & Mary进行教育教学培训和访问。除了与同行的访学老师们共同参加学习一门教学方法课和一门英语课以外，William & Mary还根据我的专业以及在国内讲授的课程，为我指定了Mason商学院Dawn Edmiston教授上的一门“Advertising & Digital Marketing”课程进行全程旁听观摩。

开课前，我专门去商学院的教授办公室拜访了Prof. Edmiston。她非常友善热情，了解了我在国内的基本教学情况，并对“Advertising & Digital Marketing”所上课程进行了介绍。她告诉我，这门课非常注重学生的动手实践能力，因此在考核方式上会跟传统的期末考试有所不同，会采取多种形式全方位检验学生对于知识的掌握程度。其中，最大的亮点是一种叫做“Perfect Pitch”的考核，要求学生单独拍摄一段60秒的短视频，展示自己，让其他人更好地了解，达到营销自己以及锻炼数字广告的策划和拍摄能力。这种新颖的考核方式让

威廉玛丽Maison商学院内景

我对后续的课堂充满了期待。在临走时，Prof. Edmiston 把这门课的教学大纲（Syllabus）打印了一份给我。里面的内容非常完整，详细列出了这门课的教学内容及时间安排、上课的注意事项。

这门课是在每周二和每周四中午 12：30 到下午 1：50，中间没有休息。由于正好是午餐时间，因此在课堂上很多同学都带着汉堡、三明治、咖啡，边吃边上课。课堂中的进餐并没有影响到上课的效果，学生都非常认真听讲，认真做笔记，积极参与课堂与老师的互动。每堂课老师的讲授时间大概都在 2/3 以下，其他的时间都是由同学与老师的课堂交流完成，从形式上来看，丝毫不感觉刻板和枯燥，对于学生的积极性调动得比较好。

本科课堂教学时刻

一个学期的完整观摩学习，给了我很多的感悟和启示。

第一，美国高校课程的作业压力非常大，作业量远远多于目前国内大部分高校。学生课后需要完成大量的作业才能达到老师的要求，而这些课后作业也能够帮助学生巩固课堂所学的知识以及引导学生自学课堂上来不及讲授的内容。美国的学生已经习惯如此繁重且有难度的作业压力，而中国的大学生在这个方面还有明显差距。如果老师布置作业过多，经常会有中国学生发出抱怨，认为侵占了他们过多课余时间。这种对待课后作业态度的差异不可能在短时间内由一两位老师改变，而是整个学校长时间严肃学习风气、加强学习过程管理的结果。

第二，课程考核的手段多样化，真正做到学以致用。以我所上的这门课程为例，老师给学生的评定成绩包括了以下几个部分：课堂考勤和课堂参与10分；随堂考试（一共4次）共20分；一项名为“Google Ads Certification”的在线测试，占总成绩的10分；拍摄个人营销短视频广告的“Perfect Pitch”占20分；一项由团队完成并需要作团队陈述的营销方案策划占40分。没有期末考试，但要完成以上考核内容比期末考试需要学生花费更多的时间和精力，而且这些考核环节贯穿于整个课程，平均分布于每周的教学安排中，不会在短时间内给学生造成太大的作业压力负担，但会持续不断强化课程知识点的掌握以及学生听、说、读、写能力。

本科学生进行案例团队陈述

第三，学校能为各学科、各类型课程提供强大的支持。以我所观摩的这门课为例，“Perfect Pitch”的考核由于需要学生拍摄较为专业的短视频，因此在此过程中需要专业的视频拍摄以及视频、音频制作器材的支持。在William & Mary校内，专门设有Media Center这一部门，任何在校师生均可以免费使用、借用该中心最先进的视听仪器设备。同时，为了解决学生开始阶段不熟悉设备使用方法的问题，中心也有志愿者（学生担任）帮助初学者迅速上手。第一次前往该中心，也有专门的老师进行详细介绍，所有的预约以及出借工作，均可在校内系统里简便完成。同时，为了最大限度满足学生的使用需求，该中心的开放时间相对于校内其他部门，大大地延长，非常人性化。在William & Mary，与之相类似的还有帮助学生提高英文写作水平的Writing Center。这些中心的设置和成功运营，对学生综合能力的提高以及教师教学环节的辅助，起到了非常大的帮助作用。

第四，教学辅助信息系统非常强大和完善。William & Mary 有自己专门的教学信息系统，叫作Blackboard。老师和学生共同使用这一信息系统完成课程的每一个教学环节。在课程开始前，教师会提前把Syllabus、课件PPT以及与教学内容相关的文档资料发布到系统中。学生只要选修了这门课，就可以进入该课程主页自由访问教师发布的这些教学资源。在授课课程中，教师布置的作业、多种形式的课堂互动小环节，均可方便地在Blackboard系统中实现。同时，该系统还可以便捷地实现学生分组功能，对于商学院学生经常需要进行分组讨论的情形，适用非常好。在美国的大学课堂里，每个学生都会带着笔记本电脑上课，因此这也给教学信息系统在课堂的使用提供了极大的便利。课后，教师布置作业、学生完成并提交作业、教师批改作业均在线实现并完成。可以说，这个教学信息系统会一直贯穿于整门课，在教学中起着不可替代的作用，给教师和学生带来了极大的便利。

电子科技大学目前经过多年的建设，在硬件设施建设上与国外高校相比已经不逞多让。但是在营造更好的学习氛围、加强对教学的多方位支持方面，还可以向国外优秀高校多学习。同时，学校选派对教学有热情、热爱教学的骨干老师去参加这样的教学培训，不仅开阔了老师们的视野，还让老师实实在在地学习到了一些好的教学经验和教学方法，能够在回国后的教学工作中加以应用，为我校的教学工作持续不断改进、提升贡献力量。

威廉玛丽学院课堂中的同伴学习及其启示

经济与管理学院副教授　吴继红

与大部分大学老师一样，我虽然从教多年，却没有系统学习过教育理论和教学方法。2019年，有幸参加我校与美国威廉玛丽学院合作的教育教学培训项目，期间学习了教育学和英语两门课程，并根据我在国内讲授的课程，选择观摩了塔蒂亚·格兰杰（Tatia Granger）教授的“组织行为与管理”课程。

威廉玛丽学院是美国的著名公立文理学院，致力于开展最好的博雅教育。在学习期间给我留下了深刻的印象并体验到：①在校园内外，课上课下，常常能感受到学校（包括所有教职工）对学生的悉心关注和平等融洽的师生关系；②学校设有大量跨学科课程，目的致力于让学生自由探索兴趣和发展方向；③在教学方法方面，课堂上同学们有很多机会彼此学习，老师较多地采用了同伴学习的教学设计。

同伴学习，即彼此学习，是所有课程的必要和重要方面（Boud，2001）。在参与的两个班级中，我观察到了两种同伴学习类型：团队学习和个人分享。我以前在课堂上，也常组织团队学习和个人分享，但是没有遵循PIES（Positive interdependence，Individual accountability，Equal participation，Simultaneous）策略，导致不是每个学生都能在团队讨论中分享自己的观点，使一些学生有搭便车的机会，而且很少有学生听取和采纳同学分享的观点或方法。

一、团队学习

格兰杰教授很擅长组织团队学习。她按照以下流程来组织团队学习。

第一，她通过分发不同颜色和图案的球，将学生随机分为5人团队，得到相同颜色和图案的球的同学自动组成小组。

和格兰杰教授在办公室一起评阅期中考试试卷后留影

第二，她通过自我介绍让成员彼此熟悉，讨论团队规范、团队期望和团队名称。在英语课上，Susanna老师也用了类似方法，通过分发纸条的方式分组，上面有一些对话，问题和答案匹配的同学是一组。

第三，她为团队成员创造了一些机会来分享他们的个人任务（先完成个人任务，再与成员分享自己的个人任务）；然后，让他们在课堂上（比如棉花糖挑战）或复习课上合作一起完成任务；最后，小组需要完成一个更困难的团队项目。

在所有这些团队活动中，她都遵循PIES学习策略（积极相互依赖，个人负责，平等参与，同时进行）。

在这些活动中，个人任务可以促进跨情境的理论应用，复习课的团队竞赛可以促进建立联系，团队案例分析项目可以应用知识并促进学习的整合。

在团队案例分析项目中，她用了两节课的时间对每个团队进行了辅导。这也意味着团队成员需要提前分好工，每位同学提前准备好自己的观点和想法。

第四，团队成员在团队中或全班同学之间分享经验和工作。有的老师在团队展示成果时会拍照或拍视频鼓励学生。

在这个环节中，James和Katherine在教育学课上请同学评论每个小组的成果给我留下了深刻的印象（让我们在自己最喜欢的想法上贴上标签）。这激发了我的灵感，我们也可以请同学评出最有价值的成果（例如在“飞书群”中对同学的分享或成果点赞），用在自己的工作或生活中。

第五，在格兰杰教授的课堂上，每个团队成员都需要展示自己做的那部分工作，并由其他团队成员评估每个团队成员的表现。这项分数占课程最终成绩的12%。

二、个人分享

除团队学习外，学生还有很多机会分享自己的个人经验和经历。通过同学的分享，我也学到了很多。在大多数情况下，我们会受到某人分享的启发，如果不写下来，很快就会忘记它；但如果我需要在工作或生活中运用别人的观点或方法，情况就不同了。所以格兰杰教授鼓励学生把同学的分享可以如何用在自己的工作和生活中记下来，作为自己的收获（takeaways）。

这种分享和国内一些企业（比如万达、京东）采用的名为“能量市场”的培训非常类似，即：首先从员工那里收集实践问题，然后为员工组织一个聚会以交流他们对解决方案的想法，最后由提问题的员工选择一个最佳解决方案，并感谢提供解决方案的伙伴。

在我们的课堂上，也可以组织这种个人分享。首先，欢迎大家分享与课堂内容有关的实践问题，鼓励所有同学为问题提供解决方案；接着，提出问题的学生可以选择最佳答案。最佳回答者可以获得分数上的奖励。

在同伴学习的过程中，老师给予学生或学生团队的反馈也很特别。在课堂上，除了用在线考试网站进行即时竞赛的反馈外，老师在班上给学生的反馈几乎都是正面的，有的老师会在私下里给学生单独反馈需要改进和提升的方面。在考试成绩出来以后，老师会先发试卷给学生确认成绩。有意见的可以和老师讨论，讲解错题后再提交成绩，而不是直接归档。这一点或许是我们学校也可考虑借鉴的方面。

那些闪亮的日子

公共管理学院教授　詹　恂

2019年8月28日下午，随着汽车飞驰在华盛顿往威廉斯堡去的495号高速公路上，我就强烈地感受到了作为美国起点的弗吉尼亚州与10年前我访学的加州圣地亚哥是那么的不同。阳光随着路边高大而郁郁葱葱的树木投射下来，灿烂、明媚而又坚定有力，照亮了随后整整4个月的日子。

威廉玛丽学院的教育学系

威廉玛丽学院给我指定的导师是詹妮弗·毕克汉姆·门德斯教授。她出生在一个传统的教师家庭，家里的亲朋好友很多是从事教师职业的。她本人擅长于拉丁族裔的社区研究，也是威廉玛丽学院学术委员会和聘任委员会的成员。抵达美国的第二天中午，我就如约去社会学系办公室拜会她。当我还在走廊上四处张望办公室编号时，身形纤瘦的詹妮弗教授就已经从系办公室伸出头喊我的名字了。第一次面谈，我们就聊了一个多小时，关于各自的专业、研究和家庭，就像两个研究生在宿舍里第一次见面一样。当下的我，还没有意识到，那就是我们友谊的起点；而后的每一次见面，詹妮弗教授都会开启倾诉模式，我也从她对于人生的感悟中，获益良多。

课堂上的詹妮弗教授

由于威廉玛丽学院并没有新闻传播学相关专业，一开始在系统上选课的时候，只能选与社会科学相关的课程，而这些课程大多在社会学系。我首选的那门与媒介有关的课程，就是詹妮弗教授主讲的。行前，我接到了国际办公室和詹妮弗教授的邮件，说他们把我选的课程调整成了“性别与社会”。出于礼节和信任，我马上表示了认同。那时候，我还不知道这门只提供给全校大二学生选修的课程，已经在威玛开设了20年并享誉全校。

话题很严肃但氛围很活泼的课堂

性别研究，绕不开简称LGBT的性少数群体。聆听这门一周三次、每次45分钟的课程的第一周，我就知道选这门课真是选对了。詹妮弗教授把这门课程分为了五大研究方向及若干相关专题，教学大纲详细到每一节课的课前课后应读哪些书目的哪些页码等。在第一堂课讲解导论时，她专门提到涉及暴力内容时感觉不适的同学可以不来，特别贴心。第一堂课，她请每位同学写了简短简介的字条，包括姓名、家乡、高中和爱好等信息；在第三堂课，她把全班25个同学分成了12个小组，作为专题研究的学习小组。让我很吃惊的是，她在第二周上课时就能叫出每一位同学的名字了。课程的阅读量之大，出乎我意料。如果课后阅读两次不做，基本上后面的课程跟起来就很吃力了，每堂课的小组讨论也很难融入。基本上每一堂课，都会让就近的四五位同学围坐成共6个小组，来进行数分钟的讨论。从福柯、吉梅尔、冈特勒特到伊瑞葛莱，詹妮弗教授的引入和导出都信手拈来。她结合的案例，既有历史上非常经典的案例和案件，也有著名的心理学和社会学实验，更有近期性别平权运动和人士的观点。每一次的讲授，她都让学生充分参与。由于她深入浅出的讲授，有更多学生当众分享了自己的私人成长经历。詹妮弗教授的认真和严格，也体现在她对出勤率的考核上。一学期6次读书笔记、4次随堂小考、1次期中考试和1次结课论文，也真让学生不敢松懈。

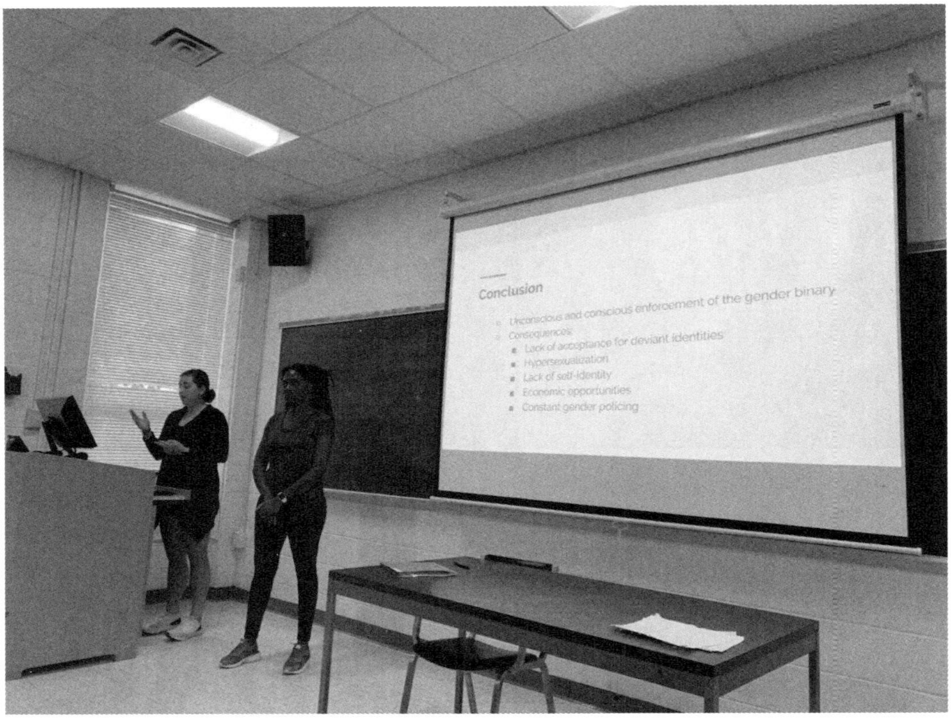

关于性别二元论的小组研讨

穿0号衣服的詹妮弗教授也是穿着打扮很精致时尚的老师。40学时的40次课和多次的两人面谈，从未见她穿过相同的衣服和鞋子，她的首饰尤其是耳环，也从未雷同过。在飓风到来前，她专门打电话、发邮件、发手机短信给我，关心我的状况，事无巨细地提醒我各种注意事项。还说一旦停电，她就和她丈夫给我送能冷藏食物的箱子来，让人感动不已。感恩节前的某次课后，詹妮弗教授专门叫住我，很兴奋地说她新发现了一种好吃的新品种蔬菜，还专门买了一棵送给我。然后她就很神秘地带我到了系里极简朴的休息室，从冰箱里拿出了一大棵卷心白菜——她的笑容实在是天真又窝心，以至于我到现在都不忍心告诉她，这种白菜的学名之所以叫Chinese Cabbage，就是因为它原产中国，其实是中国最常见的蔬菜之一。每每回想到那些短信，那棵卷心白菜，那些大大的笑容，那些有关婚姻和孩子教育的倾诉，都让我感到无比温暖。

课程的最后一堂课，詹妮弗教授给了我一个极大的惊喜——她提前去定制了一个巨大的蛋糕。大家围坐成一个大圈，一边分享大蛋糕，一边分享各种临别感言。也是在最后一堂课上，我才注意到最认真的那位女生。她虽然腿部不便，但长期在少数民族裔社区做志愿者的经历，也让人特别佩服。

平日里，詹妮弗教授也会主动关心我的学术研究。每每听完介绍，她都和我讨论良久。她多次主动提及，擅长于写作的她可以帮我把关英文学术论文的写作。今年是詹妮弗教授的学术休假年，她陪着身为威廉玛丽学院地理系教授的丈夫远在阿曼共和国做项目。文笔很好的她，写来的那些长长的邮件，都像抒情诗一样；并不擅长摄影的她，还会附上一些手机图片。优美的文字，配上一般的图片，也是一种反差萌呢！

4个月的时间并不长，却给我留下了很多的思考，不仅包含如何进行课程设计、如何讲授理论和参与社会实验，更体现在对学生的尊重、关怀和爱护。

中美高等教育异同之管见

公共管理学院特聘副教授　胡　腾

2019年的8月13号，经过十几个小时的飞行之后，我们终于抵达了华盛顿的杜勒斯机场，从而拉开了为期4个月的电子科大与美国威廉玛丽学院（W&M）的“骨干教学队伍培训计划”的序幕。我参加的是该计划的第三批次，同来的还有另外7位同仁。经过这4个月来在威廉玛丽学院的学习，我们8人公认获益匪浅。特别是对于第一次来美国访学的我来讲，终于有了一次亲身接触和深入了解美国的高等教育，从而可以与我个人的教育经历做一次比较和改进。

在这4个月的学习中，威廉玛丽学院（W&M）为我们安排了至少三门课程，分别是教学研讨课程、英语课程以及专业课程。这个过程中，我们收获了不同的体验。特别是每周二的教育研讨课，我们的两位导师——吉姆（Jim Barber）和凯瑟琳（Katherine Barko-Alva），都给我们带来一个新的讨论话题，并且邀请了多个演讲者向我们介绍了威廉玛丽学院的通识课程体系、学习中心、种族与学习等内容的专题讲座，让我们在轻松的对话氛围中增进了对威廉玛丽学院乃至于美国高等教育的了解。在此，我先对我们所参与的三门课程做一个总结。

1. 在教育学研讨课程中，两位导师和Guest Speakers都会向我们事先提供详尽的资料，且一般都设置有提问以及互动环节，甚至会对我们进行一些小的调查。我想，这种做法对于及时了解学习者的学习状态、让学习者融入学习都是有帮助的。

与 Jim Barber 教授合影

与 Katherine 教授合影

2. 在英语课程当中，苏珊娜（Susannah Livingston）教授为我们准备了多样化的内容，并且进行了发音、词汇以及表达等多方面的训练，往往都是有针对性的教学。

与 Susannah 教授合影

3. 我的专业导师罗伯兹（Patricia Roberts）教授因为这个学期的工作安排变动，所以自己没有开课。但是，她很热心地为我安排了几门不同的专业课，其中主要是艾瑞克（Eric Joss）教授与史蒂文森（Jen Stevenson）教授合上的Lawyering Skills课程。这是一门法学硕士（LLM）课程，其中18个学生中有16个是来自中国。为此，上课教师们有针对性地在课程难易度、兴趣点上做出了有利于外国学生的设计，课程也生动有趣，实践性强。对此，我印象深刻。

通过对三门课程的参与、学习与观察，我感受到了美国高等教育中的一些特点，也感觉到中美高等教育之间的一些不同与相似。对此，我主要从资料准备、课堂讲授以及学生学习三个方面做比较。

1. 资料准备。在W&M所参与的课程当中，任课教师在课前往往都要进行充分的课程准备，包括课程大纲、阅读材料、实践案例等，这些资料不仅内容详细，而且通常会有严格的进度安排，这给学生提供了很好的学习指引。在国内的大学，通常也要求教师事先提供教案和教学大纲，但是我们的教案和教学大纲更多偏向于内容的阐述和对教材体系的把握。这样，虽然内容比较全面，但是在对学生的引导上相对偏弱。

与Eric教授和课程助教合影

2. 课堂讲授。在W&M参与的课程中，授课教师的课堂讲述给我留下了深刻的印象。他们的讲述显得既有理性，又很结合实际，同时非常注重与学生的互动，而大部分的教材和材料内容实际上是交给学生在课下完成的。然而，国内大学的教师更加侧重于对知识的整体性输出，尤其注重课程理论的完整构架的给予，以及学生在课堂上对于知识的吸收，所以我们更强调课堂讲授的量、学生听课的专注度、PPT课件的制作等。

3. 学生学习。通过对我所参与的W&M课程的观察，我发现美国大学学生的学习任务较为繁重，尤其家庭作业和课外阅读的量比较大。相比而言，国内大学学生在课外阅读和家庭作业的数量上少于美国大学生。另外，在学习的主动性上，美国学生明显要强于其他国家的学生，包括在课堂互动、作业完成以后以及课后与老师的交流上。

综合来说，我觉得两所学校所代表的中美高等教育各有优缺点。譬如，美方的优势在于更加注重学生的主动性、互动性和平时考核，我们的优势在于课堂上所承载的知识量相对较大、课件制作相对丰富精美等。当然，以上的总结只是基于我个人在W&M的学习交流经验所得到的。毕竟管中窥豹，难免挂一漏万，也许不能真实、全面地反映出中美之间在高等教育上的异同，只是反映出我个人在这4个月学习中的收获与思考。因此，如果有不妥的地方，也是受笔者本人能力所限，还请见谅。

最后，衷心感谢学校能够提供这样一次难得的机会，让我在这次项目中有珍贵的学习体验。当然，也通过这次的访学，让我更加热爱自己的祖国和学校。同时，也要感谢提供帮助和交流的两所学校的各位老师和员工，没有他们的配合，这次访学不会一帆风顺。当然，还要感谢威廉玛丽的各位导师，尤其是教学老师吉姆和凯瑟琳、英语老师苏珊娜、我的专业导师罗伯茨教授，以及允许我去旁听课程讲授的史蒂文森教授、艾瑞克教授，是他们让我们体验到了美国学者的友好与善良，也学习了他们作为教师的尽职尽责。最后，祝两校之间的友谊地久天长！

一所大学的精、气、神

——威廉玛丽学院访学感悟

外国语学院副教授　周劲松

威廉玛丽学院（William & Mary College）位于美国弗吉尼亚州小镇威廉斯堡。2019年下半年在威廉玛丽学院的半年访学，留给我许多深刻的感悟。

首先是威廉玛丽学院的氛围。威廉玛丽学院是一所没有围墙的大学。从物理上讲，没有围墙的大学意味着对外开放；隐喻地说，没有围墙的大学意味着教师的开放包容和勇于尝试的热情，这可以从我们课程特邀演讲者Mark Hoffer博士关于“深度学习”（deep learning）的讲座以及他和他的团队所代表的创新精神中得到体现——Mark Hoffer博士的观点和理念并非这里所要谈论的话题，但他和他的团队所代表的、威廉玛丽学院老师们所体现的不断学习、不断挑战和超越自我这种精神，对于一所建于1693年的美国历史第二悠久（仅次于哈佛大学）的大学而言，是尤其值得赞美和钦佩的。发自内心

美国威廉玛丽学院校园美景

的接受新教育理念、拥抱新教学技术，正是一所大学活力和生命的象征。清华的老校长梅贻琦曾经说过，“所谓大学者，非谓有大楼之谓也，有大师之谓也”。在误以为高楼耸立、校园扩容就是中国高等教育迅猛发展典型标志的今天，威廉玛丽精致而袖珍的校园，无疑是一种参照和对比。

其次是威廉玛丽学院的老师。我从在这里遇到的每一位威廉玛丽学院的老师身上都能感受到对教学的热爱。讲授“教育教学方法论”的Jim和Katherine、“语言与文化”的Leslie，还有受邀演讲“威廉玛丽学院的通识教育概览”的Ben，无不让我为他们对教育教学的责任心由衷钦佩。

作业全批全改，设立专门答疑时间，投入巨大精力进行课堂准备——包括学生座签的制作和课堂材料的印制和分发。特别值得一提的是，写作中心（Writing Center）3位专职老师带领约15位学生志愿者，面向整个大学的本科学生提供的写作相关的指导、校正和其他服务，每年投入时间超过1000学时，覆盖学生500以上人次。

我与跟班导师Leslie Cochrane

有一次，我的跟班导师Leslie对我说：“我用心地上这门‘语言与文化’，这是一个混合班，学生来自不同背景，主修或辅修语言学，如果有部分学生（即使不是全部）觉得这门课程有意思，甚至在我帮助下他们最终愿意选择‘语言学’作为自己的学术发展方向，我就觉得快乐和自豪。”威廉玛丽学院的成功，特别是以本科精英教育著称于美国公立大学圈子，与像Leslie这样全身心投入教育教学工作的教师的付出，是密不可分的。

相比所谓“高彰显度学术论文”，或许今天中国的高等教育更亟须具有“把课教得有意思”“因为上课而让我觉得快乐和自豪”这种素朴思想的教师。

最后是威廉玛丽学院的学生。访学期间，因为自己的外语教学背景，我选择的全程跟班听课的课程是英语系开设的“语言与文化”（Language and Culture），课程每周一次、每次3节（Tucker Hall，Wednesday，9:00—11:30）。

当我走进教室时，发下来的第一份材料是Syllabus。它一来就让我大吃一惊，Syllabus上面列出了所有必需的阅读材料——每堂课都有论文或书摘（举一个例子，第三周的阅读材料摘自一本书中的一个整章，加上两篇相关论文，长达124页）。学生如何应对如此之长的材料和这种挑战？要知道，它们是高度学术性的（如前例中的内容，是讨论社会认同及其在语言中的表现），并不是流行的简单读物。

学生们的课堂行为让我从惊讶变为欣赏。课堂前20分钟，当老师梳理阅读材料的关键概念或难点时，学生在做笔记——每位都有一个大笔记本，在写东西，有时用另一种颜色的墨水标注，在这期间，甚至有一两个学生会和老师一起做问和答的工作；接下来的20分钟，学生加入临时分配的各个小组，五六个人一组，开始讨论老师事先指定的话题

“语言与文化”课程中一个小组的课堂讨论

——每人都要发言，教室里立刻充满了组长的欢呼声、成员们的谈话和某个小组偶尔的笑声。如果没有准备，没有仔细的阅读，没有认真的笔记，就不可能有如此热烈的讨论。

为期半年的访学只有浅薄的经验和感悟，当然不能反映整个事情。但它是我自己的真实感受，它激励我思考和思考得更多、更深刻。

威玛培训之我见

生命科学与技术学院教授　郭锋彪

2019年8月至12月，我有幸参加了学校人力资源部教师发展中心组织的到威廉玛丽学院进行的“骨干教学队伍海外培训计划”项目。我校对这个项目有着很大的投入和支持，威廉玛丽学院也很重视。课程安排得饱满，教师上课非常认真，教学方式灵活，课堂气氛活跃。4个月的时间虽然不短，但紧张充实的节奏让我感觉过得飞快。

威廉玛丽学院的本科教育处于美国高校前列，学校对于教学工作非常重视，专门建有教育学院进行教学理念、范式、方法和技术的研究，并通过线上和线下培训的不同方式加以推广和应用。据学习设计创新中心主任Mark Hofer教授的介绍，在威廉玛丽学院教学搞得好的教师即使科研水平不够突出，也可以评教授，他本人也是这种政策的受益者，从高中教师转入大学，年纪轻轻就评上了教授。除了他本人积极提高自己的学历和研究水平以外，威玛对于教学优秀人才的破格提拔无疑中也帮助了他。对比来看，如果单纯做科研，那么即使科研搞得再好，也不能晋升教授职称，只能走研究系列。我们的教育学课程主讲教师James Barber对于教学积极、热忱的投入和专业性更是反映了学校对于各层次教学活动的重视，他本人也曾提出“整合学习理论”并正式发表。威廉玛丽学院的青年教师绝大部分都承担了比较重的教学任务，提高人才培养质量的同时也为自己的职称晋升奠定了基础。这和我校近些年设置本科教学骨干岗位、提倡教授100%给本科学生上课的理念不谋而合，鼓励教授和青年教师积极投入本科教学工作，体现了大学的根本任务就是人才培养，进行科学研究活动的目的也是为了促进研究型人才的培养。

Barber教授身着万圣节戏装给大家上研讨课

威玛图书馆的资源非常丰富，除了图书期刊以及计算机等，同学们还可以自主使用3D打印机，可以方便地从多媒体室借出和使用摄影设备。图书馆的内部装饰和课桌布置也很利于同学们集中精力。据图书馆工作人员讲，很多学生会学习到凌晨甚至通宵达旦，同班郭老师的亲历证实了这点。图书馆还专门设有写作中心，帮助英语非母语的同学们理解课程文献和撰写课程论文，并帮助研究生润色科研论文。该中心由少数几名教师负责和指导，主要人员是经过选拔和培训的学生志愿者。志愿者们有一定额度的酬劳，既帮助了别人，也锻炼了自己的能力。

我参加的专业课程是分子神经生物学。Jennifer Besteman教授充分体现了研究型教学的理念。首先，整个课程选修的人数确实少，连我在内一共只有

12人。教师把同学们划分为几个小组，课程内容也不是根据特定的教材，而是从领域经典的文献中选择和组织。最后的课程考核方式更是让人耳目一新，同学们的课程论文评阅采用了国际学术界通用的同行评议，由同学们自己交叉充当评审专家，极大地提高了同学们参与的积极性，并帮助他们提前了解学术论文投稿与评审的过程。研究型小班教学表面上老师讲授的时间少，好像比较轻松。实际上，一方面需要教师在课前进行充分的准备，对于课程内容和相关背景足够熟悉。同学们自主研讨，涉及的内容和问题比较广，老师要尽可能正确判断学生们研讨中论述的专业问题。另一方面，研讨型教学需要老师具有高超的驾驭能力，能够对研讨的内容进行指引，并充分调动同学们的积极性。同时，对于学生自主学习的能力也是一种挑战。我校近年来也在积极进行小班教学的尝试，个人认为这种模式对于精英人才的培养具有很大的益处。

除了教学，我们电子科大同行的几位教师也一起参加了威廉玛丽学院一年一度的新生入学庆祝集会和校友返校节等系列活动，感受了美国大学生青春活跃、多姿多彩的校园生活。

难忘的威廉玛丽学院访学生活

公共管理学院教授　罗若愚

2020年1月，我有幸来到美国弗吉尼亚州威廉斯堡市，参加威廉玛丽学院1月15日至5月15日期间的“Excellence in University Teaching Program”项目。这是一次极为难忘的访学经历。

严谨的教学内容、灵活多样的教学方法与忙碌有趣的学生生活

威廉玛丽学院1月15日开启了新学期，我们的课程也开始了。我的课程安排满满当当，每周一、三、五是专业课程“public Economics”；周二是“pedagogy seminar”；周三是“English Communication course”。尽管从住宿地走路到学院需要45分钟左右，但我仍然兴趣盎然地尽可能走路去学校上课（不是为了省钱哦）。每位老师都精心设计教学内容，并根据每节课教学内容的不同，选择灵活多样的教学方法。比如，某门课的课堂设计：观看视频，然后将你从视频中看到的问题写在标注了记号的记事条上，收集记事条，让同学相互之间抽取，回答拿到的记事条上的问题。这种方法既要求学生集中注意力观看视频，同时还要能够提出有趣的问题，并能回答别的同学的问题。从三门课程的学习中，我总结了观察到的一些特点：教学目标设计从一般性、笼统的目标设计，到具体、详尽的教学目标设计；教学模式从自上而下的教学或指导范式，到教学相长的学习范式；从教师中心的课堂教学模式，到“师生反转”的课堂教学模式；从单一的知识测试，到综合能力的测试；从注重考试结果，到注重过程学习。

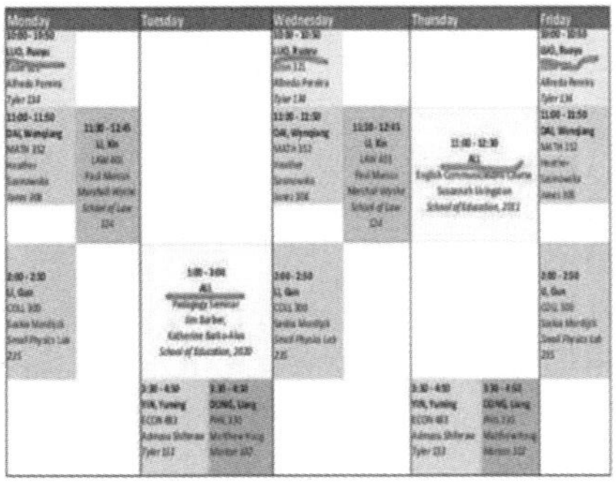

我们的课程表

我的课程导师Alfredo M.Pereira教授

参加培训的骨干教师队伍与Susannah老师

疫情下的视频授课，亲切认真的“主播”老师与忐忑忙碌的“粉丝”

2020年3月，美国疫情全面爆发，我们的课程全部转为线上视频授课，老师们变身为直播间的“主播”，而我们也当上了“粉丝”。视频授课集中在周四，专业课老师也发来了他的全部课程资料，包括录像视频。相比较前面的课堂教学，我没有了每天的走读生活，居家学习的日子是自由、自律而忐忑惶恐。“主播”老师仍然保持着他们严谨认真的教学态度，每次课前，提前一周把相关资料、文献、视频链接以及需要准备的作业通过邮件发给每一位，让大家充分准备，用充实的学习生活来减缓疫情带来的不安。考虑到我们远离祖国，每周四课前，“主播”老师都会用一些时间来询问我们的情况，并交流相关信息，一方面锻炼我们的英语能力，另一方面也是一种安慰。同时，威廉玛丽学院针对国际学生和学者开通了每周三上午的视频会议。每周三上午，可以通过视频会议相互交流、咨询以及提供帮助。这些亲切认真的“主播”让我真正变成了他们的“粉丝”，期待每周的视频学习交流，也让我的留美生活由最初的惶恐焦虑变成了冷静沉着。我们的线上毕业典礼在5月14日（周四）举行。典礼的最后，英语课Susannah Livingston老师拿起了她的小提琴，让大家在一曲优美的“友谊地久天长”声中，依依惜别，结束了访学学习。

我们的线上毕业典礼

pedagogy seminar课程线上汇报

Susannah Livingston老师的线上小提琴演奏

此生无悔入华夏，来生还做成电人

从2020年3月份美国疫情全面爆发以来，学校相关部门的领导及工作人员一直在关心、帮助我们。在“威廉玛丽5人访学群”里，考虑到时差问题，学校相关部门的领导及工作人员利用晚上时间召集我们开微信会议，讨论疫情期间我们的学习和生活安排，询问我们的情况和诉求；随着美国疫情日益严重，领导和工作人员又及时通报相关信息，为我们提供提前回国或按期归国等安排；当因机票问题不能按时回国时，领导们又及时批复了我们的延期安排；与此同时，学院的领导也一直关心着在外访学的我们，并万里迢迢为我们邮寄了防御口罩；在美国的成电校友，同时也是我们在威廉玛丽学院学习期间的“专属110”——刘老师和杨老师，他们的私家车成为了我们的专车，为我们在美国的生活提供了极大的便利。在这个困难时期，成电人用他们真切的关心、帮助与支持，让我们在疫情期间的访学生活顺利平安，让我们在精神上、心理上及现实生活中感受到了来自祖国的温暖。

疫情期间，党和国家高度重视、高度关心海外留学人员。2020年5月9日，中国驻美大使馆官网发布了《关于就继续协助在美处境困难留学人员搭乘临时航班回国进行摸底调查的通知》，我符合条件，填写了登记表。5月30号，接到电话确认包机。处理完相关事情，6月4号一早出发到华盛顿DC；下午经过数小时等待，终于登上了CA818飞往深圳的包机。经过15小时33分钟的飞行，抵达深圳宝安国际机场。抵达之后，先后填写了十几份资料、测了无数次体温、在三四百名工作人员的帮助下，我终于入住隔离酒店，开始了14天的隔离生活。这趟回国旅程让我终身难忘：不仅是舟车劳顿，更是风雨中同胞们的相互帮助，不仅是物质上相互帮助，更是在心理上相互支持；国航机组人员30多个小时往返中美；深圳机场地勤人员井井有条的提前规划部署，耐心帮助我们；深圳龙华区龙华街道工作人员在隔离酒店等待，直到我们入住，对我们关怀备至。

CA818航班上国航机组人员背影

深圳机场地勤人员帮我们整理行李

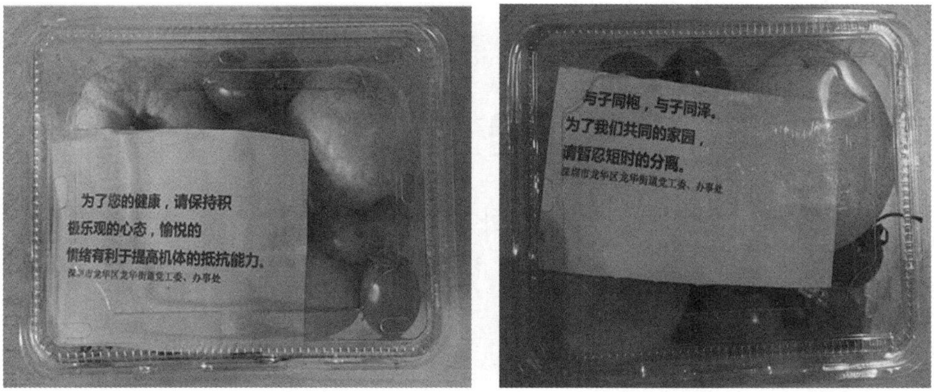

隔离酒店所在的深圳龙华区龙华街道党工委、办事处每天的温馨关怀

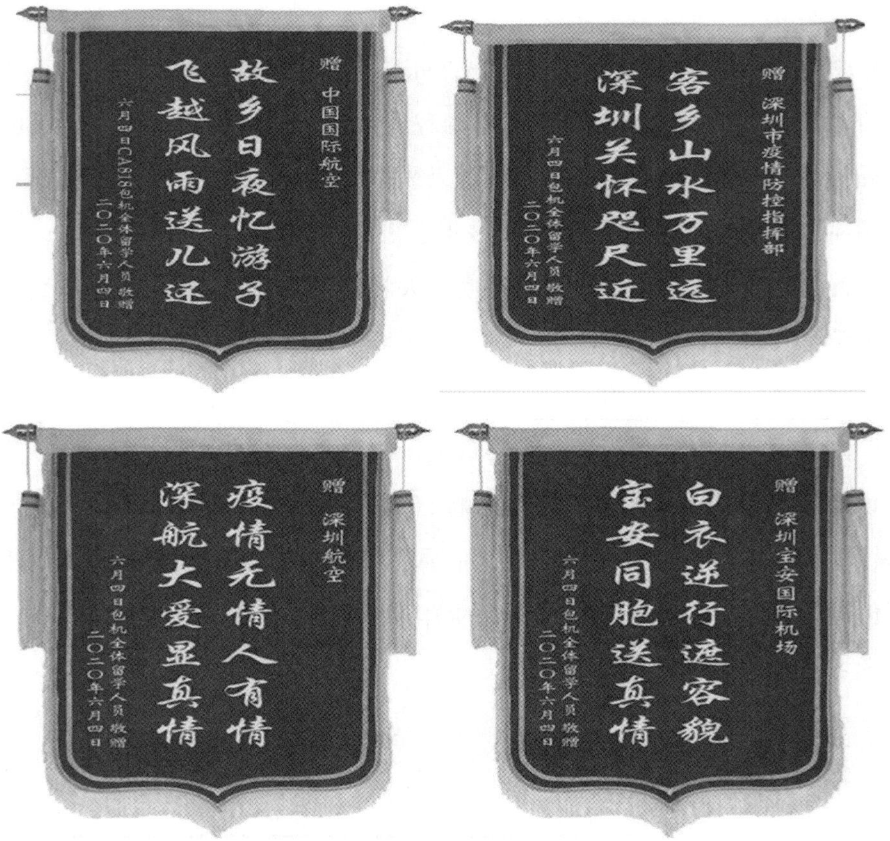

CA818包机全体留学人员集资制作锦旗的样板图

以“学”为导，重塑课程

——2020年威廉玛丽学院海外教学培训项目心得体会

经济与管理学院副教授　尹宇明

2020年上半年，我有幸参加学校组织的海外教学培训项目，到美国威廉玛丽学院参与Excellence in University Teaching Program，通过每周参加“大学教育学研讨会”和“高级英语语言课程”；观摩Macroeconomics of Development授课过程并与导师讨论课程设计及教学方法等途径，深入学习并思考了美国高校的教育理念和教学方法，获得了很大的收获。

首先是教育理念层面。通过每周“大学教育学研讨会”对大学教育新范式的学习和研讨，我们了解到美国大学正努力推进大学教学范式的转换，教育理念从侧重“教”转到关注“学”。过去的教学范式比较强调教师的引导作用，由教师来主导学习过程，从而形成了以讲授为主的课堂教学模式，传授知识和技能成为了该范式的主要目标；而通过大量的教育学研究，发现以“教”为主的教学范式把“教学”这一手段当成目的，从而导致大学教育出现了偏离，不利于为学生创设出最优的学习情景。为了更好地创造出有利于持续学习、主动学习的良性环境，以“学”为主的学习范式，注重创造一切有利于学生最优地学习知识技能的方法，立足于“产生学习”而不是传递知识，着重于引发学生发现和建构知识、促进学生改进学习质量，帮助学生学会主动学习、持续学习、终生学习，在学校、工作、社会中都能有效地获得新知、培养技能、开拓视野，从而达到大学培养人才的核心功能。

“学习范式”这一教学理念，确实给了我们非常深刻的启示，帮助我们提炼了过去所进行的教学改革的核心目标，同时也为未来的课程改革提供了不少实用的工具：PIES方法、促进学习的5个方法（Diversity and Identity，Hands on Experiences，Juxtaposition，Writing，Mentoring），考核体系的设计，等等。这些方法和工具将成为我们今后在课程改革和设计中新的落地工具，有助于我们更好地创造出以“学”为主的课程设计方案。

“大学教育学研讨会”课程中的PIES方法

其次是课堂教学方面。通过每周两次参与Macroeconomics of Development课程观摩以及与导师的课程设计讨论环节，我感受最深的是专业课学习中学生的主观能动性的充分体现。在专业课学习中，课前预习是非常重要的一个步骤，对于学生能否深度地理解新知识和真正有效地参与问题讨论，都是十分必要的。但是，在以往的教学实践中，我们发现布置的课前预习完成度比较低，导致在课堂上必须花大量的时间去讲授一些非常基础的背景知识，这大大压缩了课堂上可以用于深度探讨的时间。而在威廉玛丽学院的教学观摩中，我发现课前预习成为课程教学的一个非常必要的环节。这里的学生每周会花至少4个小时来完成该课程布置的课前阅读资料，而且学生完成课前预习的认真程度很高。因此，在威廉玛丽学院的课堂教学中，教授会问很多问题，这些问题需要学生在很短的时间内理解重点和新知识，并能够进行深度的讨论。

Macroeconomics of Development课堂教学

这种教学设计的优点是：当学生去上课时，他们已经基本了解课程将要讲授的知识的基本背景；通过课程讲授和问答环节，学生就会很快显示他们更容易理解哪些知识点，而哪些要点对他们来说比较困难。因此，在课堂上教师可以很容易地掌握学生的真实反馈，并灵活地根据学生的学习反馈来调整每个知识点的教学时间，从而为深度讨论和启发式学习留出更多的时间。总之，课前大量阅读和预习会带来两个重要优势：一是教师能理解学生的难点，从而有重点地教给学生；二是大家可以花更多的时间讨论一些问题或案例，帮助学生更深入地理解知识，并得以运用所学分析实践问题。

但是，这个教学方法的关键是学生要做充分的课前准备，而这正是我们在国内教学实践中遇到的最大困难。所以，我和威廉玛丽的很多同学聊天，以了解他们能花这么多时间做课前准备工作的动力。我发现了两个关键动机：一是如果学生没有完成课前准备、没有阅读足够的文章，他们就不能跟上课堂节奏，完全无法回答老师在课堂上的提问，这会严重影响学生的最终成绩。另一原因是学生选择一门课程的目标就是在课堂上学到对他们非常重要和有用的知识和技能，所以他们会花足够的时间来预习，以确保他们能跟上课程并学到他们想学的东西。而威廉玛丽学院的选课体系尽可能地给了学生自由选择课程的空间，以促进学生是真正出于自己的学习意愿来选择并参与每一门课程的。

Macroeconomics of Development课堂上的讨论

总的来讲，非常感谢学校人力资源部教师发展中心和学院给我们提供这次学习的机会。通过在威廉玛丽学院的学习，我学习到了以“学”为主的学习范式，并掌握了相应的教学设计工具；同时也学习到了课前预习这一学习环节的有效实施方案，并了解到这一环节在教学实践中的良好效果，为将来做出更好的课程改革方案打下了坚实的基础。

参与威廉玛丽学院海外教学培训心得体会分享

经济与管理学院教授　代文强

2020年1—5月，我有幸参加了学校人力资源部教师发展中心组织的威廉玛丽学院海外教学培训项目，学习了教学理论，观摩了课堂教学，顺利完成了本次项目，收获颇丰。

此次海外培训项目，由于疫情影响，按照学校的安排中途提前回国，但在回国后仍然坚持通过上网课和与指导老师网上讨论等多种形式继续学习。从学习地点和形式上来说，由此可分为两部分：在美国威廉玛丽学院和回国

后。其中，前者学习了美国高校在课堂教学中的教学理论，并配合跟听、观摩导师Heather教授的Statistical Data Analysis（Math 352）课程教学；随后在中途回国后，通过上网课的形式继续完成教学和相关的培训。通过此次经历，“有幸”体验了前几批参与此项目的老师未接触的美国教师如何上网课，算是一个独特的体验。

从内容上来说，主要学习是关于如何将大学教学范式的转换，即从侧重“教”到关注“学”的教育理念的树立，并通过完整观摩课堂教学、课堂讨论到课堂测试，以及在教学理论课上学习到的教学方法，学到了很多的内容，亦即不仅有“道”，而且有“术”上的学习。例如，学到了学习集成（Integration of learning）的理念，以及对促进学习的5个方法（Diversity and Identity，Hands on Experiences，Juxtaposition，Writing，Mentoring），还有PIES方法，Elbow talk，Take a side talk……很多教学方法。作为专业课程的授课老师，第一次深刻感受到专业教师在其本专业知识之外学习教育学最新理论和实践的重要性，这对改进教学效果具有非常重要的作用。

这里的分享，想着重谈谈自己对教育理念的粗浅看法。对我触动极大的是威廉玛丽学院的教育学院Jim教授将1995年的经典文献《从教到学——本科教育的新范式》做的课堂分享和讨论。这篇文献发表于25年前，其提出的“学习范式”高屋建瓴地探讨了大学的教育改革问题。该论文首先就说明传统的范式认为“大学是提供教学的机构”，但实质应该是“大学是产生学习的机构”，传统范式的错误是错把“教学”或“施教”这种手段当作目的，而忽视了目的应该是“凭借一切有效手段使每个学生产生学习”。因此，应该强调“教学不应该满足于传递知识（教授），而应该创设有利于引导学生自主发现和建构知识的环境，让学生学会学习与研究（求知），据此教学要采取培养学生学习和研究能力的启发式、探究式、参与式等教学方法”。从这些论述和论文后面的讨论（这里不再赘述）可见，他们的教育理念更多的是让学生学会如何掌握知识，而不是学习现存的知识。而前者，是更为重要的。

反思我自己在运筹学课程上的教学实践，虽然每学期我都在不断改进课程设计，但仍停留在“讲授范式”下，课程目标被设定为向学生更有效地传递课程核心知识，以提升讲授效果；教学方法上有时候过分强调教学的规范、程序，无视教学是生成的，较少进行个性化探索，因而往往以简单、单一、刻板化和程式化的教学方法来完成每年的教学；有时候甚至恐惧因进行教学方法改革而被评价较差，从而不敢探索或尝试新教法。显然，这离以学生学习和学生发展为中心的“学习范式”相距甚远。

此外，美国威廉玛丽学院的教师和学生都很“安静”（也许是由于该地比较偏僻吧）。但有趣的是，尽管威廉玛丽教育学院的教授已经做得较好（已经出了几篇关于教学理论的很有影响力的论文和书籍），但在同他们交流时，还是一再强调“安静”和“反思”的重要性。

当然，“学习范式”转型实践仅凭授课老师的理念更新和自身努力是远远不够的，这是一个系统工程，需要构建全方位的教学保障体系。同时，从“教”到“学”的教学范式转变并非易事，这需要高校师生在理念和行动上的一致推进。美国高校的“学习范式”实践值得我们借鉴，但同时也要充分考虑国情、校情和学科差异、教师自身的授课风格以及学生的学习习惯等，进行深入全面的思考并不断探索，这是一个尽管困难但非常值得做的事情。

总之，此次能够有幸参与威廉玛丽学院的教学培训项目，收获很大，非常感谢学校人力资源部教师发展中心和学院所做的工作并给予我这次宝贵的机会。

疫情时代的一次特殊访学之旅

公共管理学院特聘副教授　李　欣

2020年1月—5月，作为学校的骨干教师，我有幸被遴选参加电子科技大学与美国威廉玛丽学院合作的“骨干教学队伍海外培训计划”。这个项目的目标旨在给予大学教师在大学教学和课程设计中以新的见解和观点，并帮助大学教师发展技能，进而将其能够应用到今后的课程教学中。美国威廉玛丽学院创办于1693年，是美国第二所历史悠久的学院。威廉玛丽学院一直是注重本科教学的文理学院，被评为公立大学中最注重基础教学的学校。

电子科技大学—美国威廉玛丽学院骨干教学队伍海外培训基地开班仪式

时光飞逝，转眼间一个学期的美国威廉玛丽学院访问学者的学习生活已经圆满结束。回顾这一学期的访学经历，我们深深被威廉玛丽学院的浓厚学风、教学及学术研究氛围所吸引。特别是威廉玛丽学院本科的教学优势以及指导教授的教诲和鼓励，使我在教育教学工作方面受益良多，收获颇丰。这主要从以下几个方面展开说明。

一、教学收获

本学期的课程学习主要由三个板块组成，见下图。

Monday	Tuesday	Wednesday	Thursday	Friday
10:00 - 10:50 **LUO, Ruoyu** Econ 321 Alfredo Pereira *Tyler 134*		10:00 - 10:50 **LUO, Ruoyu** Econ 321 Alfredo Pereira *Tyler 134*		10:00 - 10:50 **LUO, Ruoyu** Econ 321 Alfredo Pereira *Tyler 134*
11:00 - 11:50 **DAI, Wenqiang** MATH 352 Heather Sasinowska *Jones 306* 11:30 - 12:45 **LI, Xin** LAW 401 Paul Marcus *Marshall-Wythe School of Law 124*		11:00 - 11:50 **DAI, Wenqiang** MATH 352 Heather Sasinowska *Jones 306* 11:30 - 12:45 **LI, Xin** LAW 401 Paul Marcus *Marshall-Wythe School of Law 124*	11:00 - 12:30 **ALL** English Communications Course Susannah Livingston *School of Education, 2011*	11:00 - 11:50 **DAI, Wenqiang** MATH 352 Heather Sasinowska *Jones 306*
2:00 - 2:50 **LI, Gun** COLL 300 Saskia Mordijck *Small Physics Lab 235*	1:00 - 3:00 **ALL** Pedagogy Seminar Jim Barber, Katherine Barko-Alva *School of Education, 2020*	2:00 - 2:50 **LI, Gun** COLL 300 Saskia Mordijck *Small Physics Lab 235*		2:00 - 2:50 **LI, Gun** COLL 300 Saskia Mordijck *Small Physics Lab 235*
	3:30 - 4:50 **YIN, Yuming** ECON 483 Admasu Shiferaw *Tyler 133* 3:30 - 4:50 **DONG, Liang** PHIL 330 Matthew Haug *Morton 102*		3:30 - 4:50 **YIN, Yuming** ECON 483 Admasu Shiferaw *Tyler 133* 3:30 - 4:50 **DONG, Liang** PHIL 330 Matthew Haug *Morton 102*	

电子科技大学—美国威廉玛丽学院骨干教师海外培训课表

一是由教育学院 James Barber 教授和 Katherine Barko-Alva 教授共同讲授的大学教育学的课程设计主题讲座。

在 James Barber 教授和 Katherine Barko-Alva 教授的讲授中，他们强调，当前高等教育中正出现着范式转变。传统的范式（即“教学范式”）认为“大学是提供教学的机构”。这种范式错把手段当作目的，把本来是一种手段的“教学”或“施教”当作了大学的最终目的。美国高校正稳步而深入地

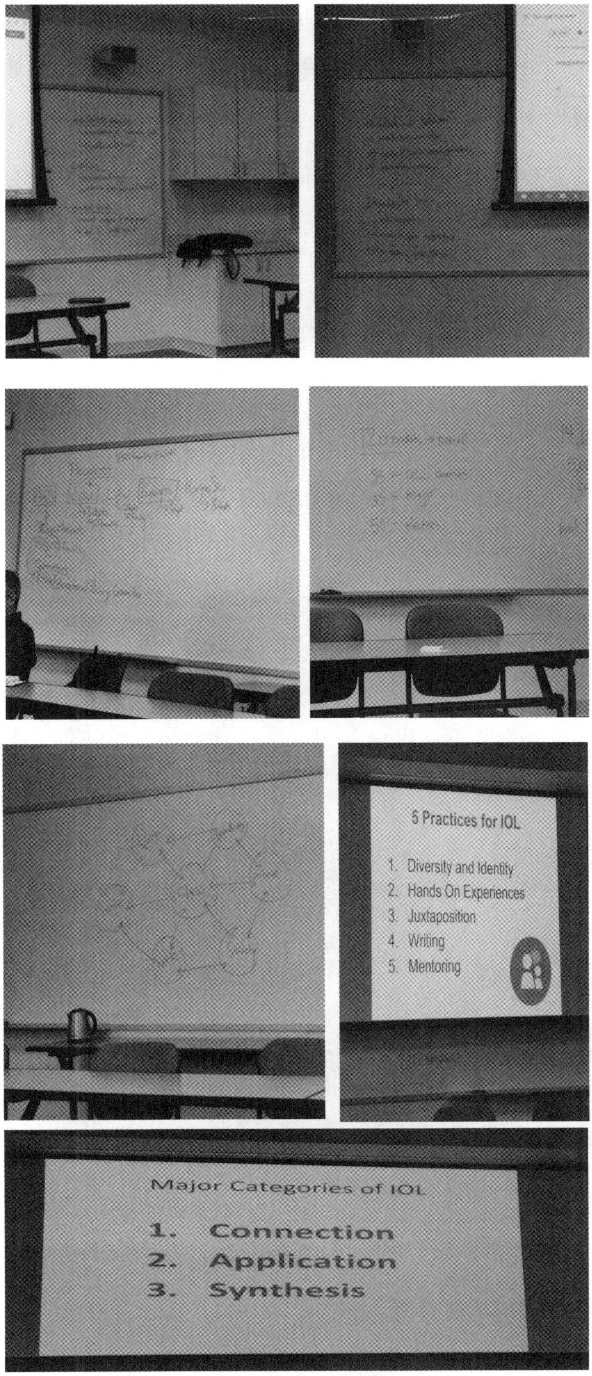

James Barber 教授和 Katherine 教授讲座的核心内容

转向一种新的“学习范式”，即：大学是产生学习的机构，大学的任务不是教学，而是凭借一切有效手段使每个学生产生学习。简单来说，就是在传统教学范式中，大学的任务是为了提供教学，是为了教。方法和结果是同一的，即方法就是目的。在“学习范式”中，大学的任务是为了产生学习，方法和结果是分离的，目的支配手段。在“学习范式”下，教师通过引导学生发现与建构知识，创设强有力的学习环境，不断地改进学生的学习质量，从而最终让大多数学生都取得成功。教师的主要角色是学习方法与学习环境的设计者，教师与学生在团队活动中互相影响，尽力开发每个学生的天赋才能，全体教职工都是施教者，引导学生学习并导向成功。

这种教育范式的转变

给了我深深的启发。长久以来，法学专业对学生的培养都固守着“重视理论知识的掌握”而“忽视实践动手能力的培养”的理念。作为法学专业的教师，我们在以往的教学工作中，大多比较注重考查学生对理论知识的记忆和掌握，只考虑到教会学生分析案例的技能，对于如何引导学生对这门课程有更深层次的理解与探讨、真正激发学生的学习兴趣和热情，重视程度方面欠缺。通过听取这门课程，自己的收获很大，对于我今后如何在课堂上更好地开展教学活动将会有质的推动作用。

二是每周一次的高级英语课程，由Susannah教授主讲。通过这门课程的学习，一方面大大改善了大家中式英语发音不标准的问题，另一方面也磨炼了我们的英语口语表达技能，为我们今后在公开的国际学术演讲中能够流畅准确地表达和交流提供了很多帮助。

图4　Susannah教授的高级英语课合影

三是跟随我的专业课程“刑事诉讼法”导师Paul Marcus教授，观摩他的教学，并与他定期会面，讨论课程目标和教学方法。

丰富有趣、形式多样的Paul Marcus教授刑事诉讼法课堂掠影

Paul Marcus教授治学严谨，课堂授课幽默风趣，注重创设环境和体验，结合实际案例引导学生深入思考、分析、判断问题，使学生自己发现知识和建构知识。在课堂上也充分赋予学生主动权，同时邀请很多跨学科的专家，特别是新兴信息技术领域的专家，开展多种形式的讲座和研讨，拓宽学生的知识面，开阔视野，为学生今后再学习奠定扎实基础。这些都给我留下了深刻的印象，也对我今后开展教学课程设计提供了新的思路。

二、丰富多彩的校园生活

隆重热烈的威廉玛丽学院校庆活动

三、疫情环境下教学方式的转变

由于受到波及全世界的新冠疫情的影响，威廉玛丽学院也停止了线下教学，改为线上教学。所有的威廉玛丽学院的授课教授和此次的访问学者也迅速调整适应，包括我在内的部分先行回国的学者也努力克服时差和国内隔离观察场所条件的限制，积极应对，最终圆满地完成了所有的学习任务。

离开美国前与我们这个项目的中方联络负责人刘朝宇先生和Nancy女士合影

回国后继续Paul Marcus教授的刑事诉讼法课程

回国后继续 Jim Barber 教授和 Katherine 教授的高等教育学讲座

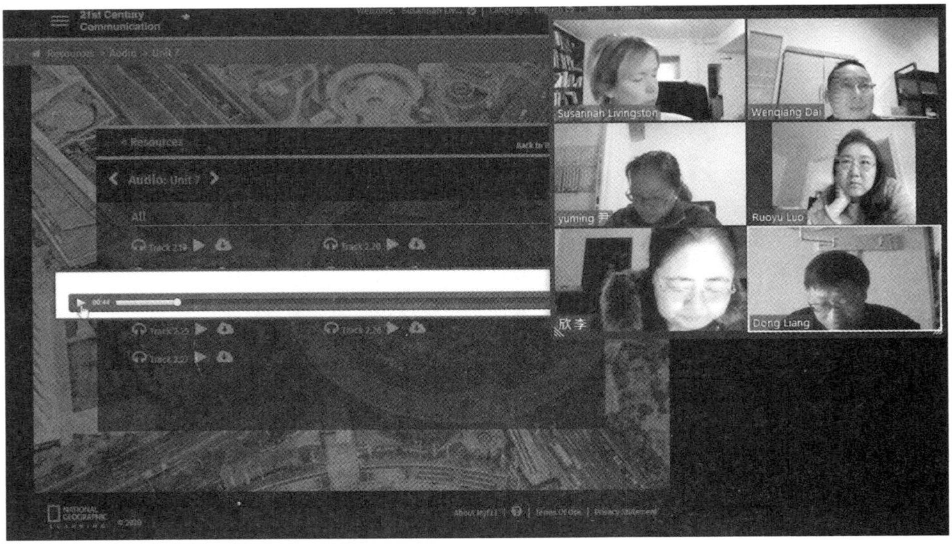

回国后继续 Susannah 教授的高级英语课程

四、特别的线上毕业典礼

由于疫情的影响，这一批电子科技大学—美国威廉玛丽学院骨干教师的毕业典礼不得不采用线上的方式举行，这也是该项目绝无仅有的一次线上毕业典礼。线上典礼上，该项目的中美双方负责人分别表达了对电子科技大学此次交流访问学者最终克服困难、圆满完成此次交流合作项目的祝贺。威廉玛丽学院的授课教授和电子科技大学的访问学者纷纷回忆起了双方交流访问期间的沟通和收获。线上毕业典礼虽然少了些许见面的亲切，但仍然不失庄重和热烈。毕业典礼最后在Susannah教授美妙的《友谊地久天长》小提琴声中圆满结束。

庄重而特别的线上毕业典礼

择高而立，向宽而行

马克思主义学院特聘副教授　董　良

在约克河与詹姆斯河入海的地方就是北美大陆的佛吉尼亚半岛，两条河流环抱着佛吉尼亚半岛一同缓缓探身到大西洋中。佛吉尼亚半岛不大，却是一个重要的地方。半岛南岸有北美大陆的第一个殖民定居点——詹姆斯镇，美国人若想寻根总免不了要来这里。半岛的北岸是约克镇，华盛顿在这里取得了独立战争的决定性胜利，史称“约克城大捷”；美国国会在建国时决定要建一个纪念碑，100年后终于建成，要回顾美国百年基业的始端也要来这里。半岛向东的尽头，海面开阔，水势平缓，美国所有航母都由这里的纽波特纽斯船厂建造，在当地人看来这是理所当然的。佛吉尼亚半岛的正中心则是当年北美总督的驻地——威廉斯堡市，300年前它是北美地区的政治经济中心，今天的骄傲则主要来自旅游业、两个啤酒厂和威廉玛丽学院。

约克河入海口

威廉玛丽学院历史悠久，长期在美国文化教育领域拥有重要地位。来到威廉玛丽学院访学后发现，该校的卓越声誉并非仅仅源于华盛顿、杰斐逊等人曾在此就读，而是因为学校在百年的发展中从未因悠久而保守，而是始终秉持开放精神，将寰宇视野、锐意创进、人文关怀注入一代又一代的学子身上。可以说，正是因为学校在人才教育上始终能够把握时代脉搏，能够有效地为人才发展和社会竞争提供有力的教育支撑，从而造就了学校自身的良好声誉和良性发展。

约克城大捷纪念碑

据我们考察，威廉玛丽学院长久以来形成了一套有效的教育教学调整机制和师生交流体系。也就是说，从学校的整体教学构架到教学末端的个性化互动，在宏观面和微观面该校都能够做到适时调整，收放合宜。在威廉玛丽学院访学期间，我们详细考察了近年来该校在教学体系方面的改进方式和改革理念。

随着20世纪全球化浪潮的兴起，威廉玛丽学院在1992年适时推出了“General Education Requirements”（通识教育纲要）。在该教学体系下，教学内容被分为12个类别：数学、自然科学（生物、物理、实验）、社会科学

（经济、法律）、历史（西方史、非西方史、跨文化史）、文学与艺术、创新实践、哲学与宗教。每个大类下开出若干课程，学生被要求每类课程至少选择一门，并完成总共33个学分，才能修完通识教育课程。这套教学体系显然有针对性地强调了知识广度，突出了通识意图，希望学生能够了解掌握各领域的基本知识要素。其理念和当时的全球化跨区域融合是相吻合的。

到了2008年，威廉玛丽学院敏锐地意识到，广谱性的教育模式或许不能良好地适应未来的人才竞争需要。这是因为经过几十年的发展，各类产业开始集聚；经济发展经过几十年的互融互通，逐渐形成了区域高地。未来的竞争将聚焦于领导能力，由此威廉玛丽学院再次进行了教学体系改革。这次改革的主要挑战，按照教育学院吉姆斯（Jims）教授的话来说就是——“如何成为领导者”。校教学委员会提出了此次教学改革的主要目标，“要把人的核心价值贯彻到全部教学领域”，任务由学监负责主导完成。学监办公室在2010年提出改革的基本原则：①促进跨学科学习，尤其促进人文学科与技术学科的交互学习能力；②增加留学生和国际合作，进一步拓展国际影响力；③建立课程调整委员会（Curriculum Review Steering Committee），由该委员会具体负责课程改革。

课程调整委员的委员全部由专职教师担任，他们提出了一个学院课程的改革方案College Curriculum （COLL）。在COLL的方案中有几点值得借鉴：第一，所有COLL课程都由课程调整委员会直接负责立项和开设，不再由各个院系负责；这一方案避开了各个院系对课程设置的主导权，从而能够跨学科、跨院系地调用全部教学资源。第二，COLL的课程从设立之初就突出跨学科的要求，和通识课程注重知识领域的广度不同，它更注重教学中学科的交互性。第三，COLL课程给出了程度区分提示，从COLL-100到COLL-400分为四个阶度，其区分标准主要参考课程的专业知识要求以及学时长短等，这为学生选课提供了更多的灵活性。

根据威廉玛丽学院的介绍，COLL课程改革十多年来一直在持续进行，会根据需要不断调整课程内容，从而保证学校在教学能力和教学水平上处于全美领先水平。

整体教学架构的与时俱进，保证了威廉玛丽学院在长久的教育竞争中始终处于领先地位；对莘莘学子而言，其感受到的吸引力更多地来自一线教师的言传身教。

在访学中，我们明显感受到该校小处细致的风格。和国内课堂不时冷场的尴尬不同，在威廉玛丽的课堂上，教师总是能够引发学生的共鸣和讨论。为此，专门请教威廉玛丽学院的合作教师，何以他的课堂互动总是如此生动活泼，文化差异？教学技巧？对方回答，那是因为他对每名学生的情况都很了解。在威廉玛丽学院，每一门课程的学生名单都附有该生的基本简历和照片，不仅介绍了该生的学习经历，也介绍其生活经历，包括学生的喜好、禁忌，甚至包括个人轶事等，十分详细。威廉玛丽学院的教师会在开课前仔细阅读每一名学生的简历档案，从而翔实地了解学生的特征。相比之下，国内高校的教师就只能面对一个抽象的名字。由此看来，威廉玛丽的师生互动和交流沟通，其实在开课前就已经进行了。甚至当学生刚入学，他（她）的基本情况就已经成为各个任课老师关心和了解的对象。正是对学生工作长期以来的细致，促成了威廉玛丽学院在教学末端的良好互动传统。

作为一所著名的高校，威廉玛丽学院留给了我们很多访学心得和体会。知万古长空，赏一朝风月。威廉玛丽学院择高处立、往宽处行的精神和大处着眼、小处着手的风格，的确不负其百年美誉。